笑うて泣いて また笑て

一

I　しゃべりの仕事

Ⅱ　役者の道

Ⅲ 演劇の世界

Ⅳ 心の故郷《ふるさと》

※本書は、２０１３年４月から２０２１年３月にかけて『天理時報』（週刊）に連載された「笑うて泣いて また笑て――妹尾和夫のしゃべくりエッセー」を、再編集してまとめたものです。本文末尾の数字は掲載号の日付を表します。

装丁／イラストレーション……森本誠

I　しゃべりの仕事

生放送〝校歌〟熱唱事件？

皆さん初めまして、妹尾和夫《せのおかずお》と申します。関西を拠点にラジオやテレビ、舞台に出ておりますが、ご存じない方もおられるでしょうから、簡単に自己紹介を――。

僕は大阪生まれで、一人息子の甘えん坊。中学、高校と6年間を奈良県の天理市で過ごし、教師になる志を抱いて東京の大学に入ったものの、役者となって大阪へ戻ってきました。いまは劇団の座長として演出を担当したり、役者として出演したりしていますが、どちらかと言えば、〝しゃべりの仕事〟を中心にさせていただいています。

10年前には、大阪・ＡＢＣラジオで『全力投球‼　妹尾和夫です』という、4時間20分にわたる生放送ワイド番組のメーンパーソナリティーを、月曜日から金曜日まで務めていました。6年続いたその番組で、僕にとって忘れられない〝事件〟が起こりましたので、今回はそのことについてお話ししましょう。

あれは番組が始まって翌年の夏、母校の天理高校野球部が甲子園に出場しました。僕が天理高校出身だと知っていた番組プロデューサーから「応援に行きまんのか?」と尋ねられ、「行けるときは行きますよ」と返すと、「校歌、歌えまんのか?」と聞いてきたのです。もちろん「歌えます」と答えました。

で、天理高校が1回戦を勝った翌日の放送。高校野球の試合結果を報告していると、イヤホン越しにプロデューサーが「校歌、ホンマに歌えまんのか?」と聞いてきました。生放送中にもかかわらずです。

「歌えますって」

「歌《うと》てみなはれ」

「歌ってええの?」

とやりとりをするうちに、ジャーンと天理高校の校歌(『天理教青年会々歌』)のカラ

オケが流れてきました。仕方ないから僕も腹をくくって、

〽見よ空高く輝くひかり　天理のみおやの導くところ……

と声高らかに歌ったのです。

これが世に言う（？）「生放送校歌〝全力熱唱〟事件」です。放送直後、近畿2府4県はもちろん、四国、岡山の同級生や教会長さん、そして僕を知らないお道（天理教のこと）の人から、思いも寄らない反響を頂きました。

「ものすごい勇気をもらった」

「涙が止まらなかった」

といったお便りもたくさん頂戴《ちょうだい》しました。

ラジオの仕事でも、特定の宗教の話題にふれるのはタブーです。校歌を歌った後は「大丈夫やろか」との不安も、正直言ってありました。でも、それ以上に、「お世話になった方々に、ちょっとは恩返しができたかな」という気持ちでしたね。

この一件から、僕は天理で過ごした青春時代のエピソードなど、バンバン話をさせ

ていただくようになりました。高校時代は「信仰は自由だ」と言って、あれやこれやと反発していた人間でしたが、一昨年の母校の同窓会で、仲間からこう言われたんです。

「おまえは学校で一番反発していたけれど、一番天理の名前を広めてくれた」

（'13・4・28）

「続ける」ということ

11月17日は僕の62歳の誕生日です。早いというか、「もうそんな年なのか」というか。誕生日って、子供のころは両親に祝ってもらったりしましたけど、大人になってからは、あまり意識したことがなかったんです。

でも、40代後半のころかな。誕生日当日に劇団の稽古《けいこ》がありました。その日は、演出に熱が入って、ずっと怒鳴《どな》ってばかりでした。で、休憩時間に外へ出て、戻ってくると……。稽古場が真っ暗なんですよ。「何してんねん！」と一喝したら「ハッピバースデー トゥー ユー」って、劇団員全員が歌って、ケーキでお祝いをしてくれました。うれしい半面、「みんなの誕生日も祝ってあげられていないのに……」と、申し訳ない気持ちにもなりました。

ラジオの帯《おび》番組を持っていたときも、誕生日が放送と重なると、リスナーの皆さんから、いろいろなプレゼントを頂きました。なかには、僕の〝ラッキーカラー〟であるピンク色の下着とかもあって（もちろん男性用ですよ！）。お祝いのメッセージも頂いて、「こんな幸せなことはないな」と思ったものでした。

ただね、60歳を超えると〝老いとの闘い〟になるんです。そこで、今年の3月から毎日ストレッチをしております。

そのきっかけは、12月に上演する劇団パロディフライ本公演『おかみさん～文《ふみ》の清七そば～』の脚本を書いてくださった、大阪・朝日放送のドラマチーフプロデューサー、郷田美雄《ごうだよしお》さんと事前の打ち合わせをしていたときのことでした。

郷田さんが、僕に尋ねてきました。

「これから10年、この劇団をどうしたいと思っていますか？」

この先も、いままで通り舞台に立つべきか、出番を減らして若手を育てるべきか。

郷田さんは「やはり、妹尾さんは出るべきでしょう。その間に若い子を育てたらいいじゃないですか」と。僕も思わず「70歳まで出ます」と言ってしまいました。

それからは、10分1セットのストレッチを朝と夜の2回やっております。特別なメニューはなく、いろいろなものを取り入れながら自分に合った方法で。そうしたら、膝《ひざ》の痛み、腰痛、肩こり、頭痛がなくなって、テレビ番組のロケでも疲れないんですよ。ホンマ続けることって大事ですね。

僕の〝脚本の師匠〟である作家の荒馬間《あらばかん》先生（故人）が、阪神タイガースの掛布雅《かけふまさ》之《ゆき》選手の話をよくしてくださいました。

「和夫ちゃん、掛布はどんなにベロベロに酔って虎風荘《こふうそう》（阪神の合宿所）に帰ってきても、素振りは絶対に欠かさんかったんやで」

僕が「酔っぱらって素振りをしたら、フォームが乱れるのと違いますのん？」と返したら、「アホッ、それがプロの精神力というもんや」とハッパを掛けられました。でも、言われて「なるほど」と思いました。僕も大阪に戻ってきたころ、寝る前に雑学事典を読んで3分間フリートークするというのを、3年間、毎日続けたことがありました。プロとしては当然でしょうが、一つの物事を続ける精神力があれば、新たな道が開かれると思うんです。

ともかく、人生の節目である誕生日を皆さんからお祝いしてもらうたびに、「僕がまず、この日を忘れちゃいけないな」と身を引き締めております。

今年の誕生日は、大阪・万博公園でラジオの公開生放送の仕事です。自分の原点を忘れず、元気に行ってきます！

（'13・11・17）

〝あの日〟があって今日がある

今年の夏、日本各地で台風や記録的豪雨による災害が発生しました。

災害といいますと、僕にとって今も忘れられないのが、１９９５年1月17日に発生した「阪神・淡路大震災」です。

あの日、僕は大阪の自宅で就寝中でした。大きな揺れで、ベッドがドーンと浮き上がりました。まさか地震とは思わず、てっきりトラックが家に突っ込んできたと思いました。

やがて夜が明け、時々刻々と状況が伝わってきました。その日の夕方、テレビ局から「明日、神戸・三宮《さんのみや》センター街の自警団の取材に行ってほしい」と依頼を受けて、次の日の朝5時半に番組スタッフとタクシーに乗って神戸へ向かいました。

道路を迂回《うかい》したり渋滞に巻き込まれたりで、現場に着いたのは出発から10時間後。その日の夕方から翌朝まで取材して、8時間かけて大阪へ戻り、テレビの生番組に出演してリポートしました。

本番が終わって、番組プロデューサーから「明日から毎日、被災地へ行けますか？」と尋ねられました。こうして、被災地を歩きながら現状をリポートするコーナーを担当することになったのです。

初めのころは、報道陣に対して快く思っていない方々から、怒鳴《どな》られたり、お叱《しか》りを受けたりすることもしょっちゅうでした。そこで、テレビクルーを外して、まずは僕が被災地の人と話をして撮影許可をもらうようにしました。そのうち、番組コーナーも皆さんに知られるようになりました。

そんななか、宝塚《たからづか》市での取材では「妹尾さん、遅い。来てくれるのを待ってたんやで」と喜んでくださった方がいました。

聞けば、甚大な被害に遭《あ》っているにもかかわらず、マスコミはほかの被災地ばかりを取り上げ、そのために救援物資が回ってこなかったそうです。メディアの影響力のすごさを、あらためて思い知らされました。

震災から約2カ月後の3月20日、東京でオウム真理教による地下鉄サリン事件が発生し、教団本部施設があった山梨県上九一色村《かみくいしき》(当時)や、各地の教団施設へ取材に行くことになりました。それからしばらくの間、オウム事件の取材と、震災の被災地ルポを掛け持ちすることになりました。

それまではドラマやバラエティー系の仕事が主だった僕にとって、この年に体験した報道系の仕事は、ものの見方や考え方、価値観、人生観を大きく変えてくれました。人が生きていくうえで大切なものは何かということを、取材を通して考えさせられましたし、いまの僕の芸能活動の核となる部分をつくってもらったと思っています。

('14・9・7)

ラジオで伝えてきた〝あの日〟

前回に続きまして、「阪神・淡路大震災」の話です。

震災の翌年、大阪・ＭＢＳラジオの防災情報番組『ネットワーク１・17』のパーソナリティーに抜擢《ばってき》されました。この番組は、震災の年に当たる平成７年の４月にスタートし、現在も放送しています。僕は、この番組の２代目パーソナリティーを、８年４月から20年３月まで丸12年間務めました。

ラジオのお話を頂いたとき、胆石の摘出手術のため１カ月ほど入院していました。お見舞いに来たテレビのプロデューサーから「実は、妹尾さんにラジオの震災番組に出てほしいという話があるんやけど……」と聞かされました。テレビでの被災地リポートが関係者の目に留まったようでした。

番組では、地震や防災に関する情報のほか、地震学や防災関係の専門家、ボランティア団体の代表者、震災を体験された方々などをスタジオに招いて話を伺いました。なかでも、被災者の方々は、最愛の家族を亡くされた状況を涙交じりにお話ししてくださいました。

高校生の息子さんと、ホームステイしていたオーストラリア人青年を亡くされた、クリーニング店を営む松浦潔《まつうらきよし》さんと美佐子《みさこ》さん夫婦の話は、ご存じの方も多いかと思います。震災の前日、二人が夜遅くまでワイワイ騒いでいたので、美佐子さんが「部屋へ戻って寝なさい」と言って2階の部屋へ行かせたら、その部屋が倒壊して二人とも下敷きになったんです。「私が『部屋で寝なさい』って言わへんかったら助かったのに」と美佐子さんが泣きながら話されて、聞き手のこちらも涙が止まりませんでした。

また、「はるかのひまわり」の加藤《かとう》はるかちゃんの姉、いつかちゃんが出演してくれたときは、亡き妹に妬《や》いてか「みんな、はるかのことばっかり」と言ってみたり。そこまで言えるようになるまでには、相当な時間がかかったと思います。ちなみに、「はるかのひまわり」とは、はるかちゃんの亡くなった場所に芽吹き、花を咲かせたヒマワリのことで、その種は震災の記憶とともに全国各地に広がり、人々を勇気づけています。

ご遺族の方々にとって、思い出したくない気持ちも正直あったと思います。でも、「ほかではしゃべらへんけど、この番組やったら」とお話ししてくださる人も多かったんです。それは、この番組を支えていたディレクターの存在によるところが大きかったと思います。

大牟田智佐子《おおむたちさこ》さん。元は地震担当の報道記者で、優秀な方です。あえて智佐ちゃんと呼ばせていただきますが、智佐ちゃんは仕事以外でも、被災者の方々やボランティア団体の関係者、研究者の面々とのつながりをとても大切にしていました。

僕が訪ねた先でも、「ああ、智佐さんところの方ですか、どうぞ」とか、「智佐ちゃん、この前も来てくれてね」という声をしょっちゅう耳にしました。仕事ができる人はたくさんいますが、智佐ちゃんほど優しさと慈しみをもって人のために働いている人って、そういません。

番組は、平成14年度の「防災まちづくり大賞」の総務大臣賞を頂きました。

ひとえに、智佐ちゃんの陰日向《ひなた》ない働きと周囲の方々の絶大な信頼があったからやと、あらためて思います。

（'14・10・26）

何物にも代えがたい出会い

防災情報番組『ネットワーク1・17』を通じて、いろいろな方とお会いしました。その一人、定期的にゲスト出演してくださった地震学者の梅田康弘《うめだやすひろ》・京都大学名誉教授からは、地震についていろいろと教《おそ》わりました。

初めのころ、僕が「なぜ地震が起こるのか」と質問すると、梅田先生は「しゃべるのが苦手で」と言いながらも、ゆで卵を地球に見立てて地震発生の仕組みを分かりやすく解説してくださいました。

あるときは、梅田先生のほうから「いま震度7クラスの地震が起こったらどうしますか?」と尋ねられました。僕が「テーブルの下に避難します」と答えると、「このテーブルだと固定されていないからダメですね」と助言を頂きました。そのやりとりから、防災意識を常に持つことの大切さを学びました。

梅田先生には、僕のトークライブに出演してもらったことがあります。そのときは、奥さまとのなれそめを尋ねて、梅田先生はあたふたしながら話してくださいました。「あのときは妹尾さんにだまされた」と会うたびに言われますが、いまも僕のラジオ番組で地震のニュースを取り上げる際には、電話で出演してくださいます。

また、先ごろ亡くなられたＮＰＯ法人「阪神高齢者・障害者支援ネットワーク」理事長の黒田裕子《くろだゆうこ》さんも忘れられません。

震災当時、宝塚市立病院の副総師長だった黒田さんは、震災での救援活動をきっかけに職を辞し、被災地や仮設住宅で高齢者や障害者の方々の支援活動に取り組んでいました。

あれは、黒田さんが活動していた仮設住宅で生放送したときのことでした。ゲスト出演の黒田さん、住宅内の高齢の方のお世話に回っていて、本番が始まっても姿が見えない。放送中に「黒田さーん」と呼びかけると、「ごめんなさーい」と慌《あわ》てて戻ってこられた、ということがありました。ホンマに面白くて明るくて、人のために一生懸命尽くしておられました。

お二方のほかにも、深く印象に残っている方や、いまも親交のある方がいます。震災を通して出会った方々は、僕にとって何物にも代えがたい〝心の財産〟となっています。

あのとき僕が見聞きしたこと、そして出会った人たちから学んだことを、次の世代へ語り継いでいかなアカンと思っております。

（'14・12・7）

〝浪花のモーツァルト〟のエール

キダ・タロー

僕らの仕事というのは「水商売」とも称されるように、浮き沈みが激しく、時には理不尽なことを言われたり、心を腐らせる出来事に遭《あ》ったりすることもあります。そうしたなか、思わぬ方からのひと言で心が救われることもあります。

もう6年前になるでしょうか。月曜日から金曜日まで4時間20分の生放送をしていたラジオ番組『全力投球!!　妹尾和夫です』が突然、終了することになりました。

理由は、ラジオ局の編成上の事情ということだったのですが、番組自体の聴取率が良かっただけに、「なんで?」と寝耳に水でした。この業界ではよくあることとはいえ、何かやりきれない気持ちになりました。

そんなとき、〝浪花《なにわ》のモーツァルト〟としてお馴染《なじ》みの、作曲家のキダ・タロー先生が番組ゲストに来られました。キダ先生とは30年近く、公私にわたってお付き合いをさせていただいています。

この番組にキダ先生が出演すること自体、初めてでした。僕も心安く話を伺っていたら、キダ先生がおもむろにこう言われたんです。

「わしはな、この業界も、人間も、長いことやってきてるけど、友達少ないねん。友人と呼べる人間は、数えても片手で余るねん。妹尾さん、あんたはそのなかの一人や」

……ビックリしました。親しくさせていただいてはいるものの、面と向かって友人と言われたことがありませんでしたから。さらに話は続きます。

「この番組、終わるらしいけど、また、どこでなとあんた、やらはるやろ。数少ない友人の一人やから、頑張ってくれやなアカンで」

生放送中に、思わず涙ぐんでしまいました。大先輩のキダ先生から、そんな言葉を頂くなんて思ってなかったんですよ。

こんなこともおっしゃいました。

「ゴルフに一緒に行ってもな、あんたのゴルフはきれい。ゴルフのプレーを見たら分かる。人間がきれいなんやな」

……って。先生、ちょっと待ってください。いつも僕のことボロカスに言うてますやんと、さすがに僕もツッコみました。

すると、「それはそうや、仕事やから」と見事にすかされました。

あからさまに愚痴《ぐち》をこぼすわけでなく、言いたいことをスパッと言う。キダ先生自身も、音楽家でありながら、ラジオパーソナリティーとしてレギュラー番組を持っておられたので、そういう経験があったんでしょう。悶々《もんもん》としていた僕の心境を察して、エールを送ってくださったんやなと、後になって気づきました。

「友人の一人やから、頑張ってくれやなアカン」

キダ先生のこのひと言に、終わることの悲しさよりも、ここから新しい世界が広がっていくんやと、なんか明るい気持ちになりました。

（'15・5・24）

カズオ的〝読書のススメ〟

笑福亭鶴瓶

小さいときから読書好きで、これまであらゆる本を読みました。そのなかで、僕の人生に影響を与えてくれた本を2冊紹介します。

まずは、下村《しもむら》湖人《こじん》の『次郎物語』。これは中学のとき愛読していました。心のひだに触れるというのか、涙ながらに読んでいましたね。たくましく成長していく次郎少年に自分を投影しましたし、次郎の恩師の朝倉《あさくら》先生に、僕の恩師である天理中学校の林《はやし》庄三《しょうぞう》先生を重ね合わせました。

中学生のお子さんを持つラジオのリスナーさんから「子供にどんな本を読ませたらいいか?」と尋ねられることがあって、必ずこの本を薦《すす》めています。

もう一つは、司馬遼太郎《しばりょうたろう》の『竜馬《りょうま》がゆく』。これは天理高校生のころ、それこそ夢中で読みました。

新国家の樹立を目指して、私利私欲を捨て、激動の時代を駆け抜けた竜馬の生きざまに刺激を受け、生徒会活動を始めました。大学の演劇部では「マーちゃん」という一番美人の女性の先輩が愛読していて、それがきっかけで弟のように可愛《かわい》がってもらい、周囲からすごくうらやましがられました。

不思議なもので、『竜馬がゆく』の名場面をなぞったような状況に出くわしたこともありました。

いまから二十数年前、テレビの情報ワイド番組のメーン司会を務めていたころの話です。番組を見ていた落語家の笑福亭鶴瓶《しょうふくていつるべ》さんが、関西の番組なのに関東弁で話す僕を見て、「生意気な司会者や」と思われたようなんです。

そこで鶴瓶さんが「一度、会って話がしたい」と、僕の知人のプロデューサーを介してゴルフに誘ってくださいました。もちろん鶴瓶さんとは初対面でしたので、緊張しながら約束の日にゴルフ場へ向かいました。

その日は朝から大雨。集合時間の1時間前からロッカールームで待っていると、「妹尾さーん」と聞き覚えのある声がしました。鶴瓶さんでした。「こんなん、やめまひょ。風邪ひきまっせ、メシ食いましょ」と呼びに来てくださったんです。

そのとき僕の頭のなかに、竜馬が西郷隆盛《さいごうたかもり》と初めて会う場面が浮かびました。京都の薩摩《さつま》藩邸を訪ねた竜馬が、庭に下りて鈴虫を捕っていて、西郷が声をかけると竜馬が虫かごを所望する件《くだり》ですが、僕は一人で勝手に竜馬の気分に浸っていました。

食事の席では、鶴瓶さんとじっくりお話をすることができ、「話術を磨くなら、AMラジオの番組をやりなはれ」と助言も頂きました。その1年後、ラジオのレギュラー番組出演が決まり、ラジオパーソナリティーの道が開けました。

皆さんも、本を手に取り、ページを開いて、これから起こるであろう〝人生の名場面〟を見つけてみませんか。絶好のチャンスでっせ。

（'17・6・4）

褒《ほ》められたひと言が財産

実は、芸能界の表舞台から退《ひ》こうとした時期がありました。

30代後半のころです。そのとき当時の所属事務所から「新たに始まるワイドショー番組のメーン司会者のオーディションがあるけど、受けてみないか」と持ちかけられ、続けるか退くかケジメをつけるつもりで受けました。

オーディションでは、ある審査員の質問に怒りを感じてしまい、会場が凍りつくらいの辛辣《しんらつ》な意見を言いました。そもそも辞めるつもりだったので気にも留めなかったのですが、逆に気に入られたのか、合格してしまいました。

それは、『Aタイム』（関西テレビ）という平日朝の帯《おび》番組です。その番組プロデューサーだった桐原《きりはら》さんとの出会いが、僕を大きく変えてくれました。

まず、桐原さんに言われたのが「君は汚れてない」というひと言でした。桐原さん曰《いわ》く、「よく『仕事がほしい』って顔して寄ってくるヤツがいるけど、それは〝ヨゴレ〟や。そやけど君は、役者として10年以上も売れずにきたのに、なぜか汚れてない。それは君の唯一の財産やから、そのままで行きなさい」。

それから「飲酒運転は一発アウト。クスリはダメ。女性問題も、道徳的にアカンもんはアカン」と、〝番組の顔〟となるうえでの心構えも仕込まれました。

番組が始まった当初のことです。本番が終わってメーク室でグッタリしていると、桐原さんが「何してんねやーっ!」と一喝。その日の番組のゲストと食事を共にして「お疲れさまでした」とお見送りするまでが仕事であり、世間話をして顔をつなぐことが自分の財産になる、ということを叩《たた》き込まれました。

また、こんなこともありました。翌日の放送内容の事前打ち合わせで、そのとき流す観光スポットの特集VTRを全員でチェックしていたときのこと。VTRのなかに、取材先の旅館の宣伝とも受け取れるカットがあり、気づいた桐原さんが担当ディレクターに「おい、このVTRは訳ありか？　あるんやったら正直に言え！」と問いただしました。

詰め寄られた担当ディレクターが「すいません、みんなで美味《おい》しいフグをよばれまして……」と正直に事の次第を答えると、桐原さんは「それは役得やからええ。でもな、妹尾君がそういう事情を知らんかったら、本番でフォローできんやろ」と。こういう心配りのできる方だったので、番組スタッフからの信頼も厚かったんです。

番組自体は3年ほどで終了しましたが、桐原さんは、その後もお会いすると食事へ連れていってくださり、いろいろなお話を聞かせてもらいました。

桐原さんは後年、がんでこの世を去りました。僕にとって、芸能生活の再スタートを切るきっかけとなり、今の仕事につながる礎《いしずえ》を築いてくださった恩人です。

あのとき言われた「君は汚れてない」のひと言は、いまだに僕の誇りであり、喜びであります。

（'17・9・3）

僕を育ててくれた「清八そば」

今年は、いつもとちょっと違う春を迎えました。

僕のラジオ番組『とことん全力投球!! 妹尾和夫です』が、この3月で毎週火曜日の放送を終え、4月からは『全力投球!! 妹尾和夫です。サンデー』として、日曜日の朝に引っ越しすることになりました。

実は、かなり前から決まっていたのですが、3月に入って番組でお伝えしました。次の週には、リスナーの皆さんからたくさんのメッセージを頂きました。「平日昼の番組が終わるのは寂しい」という声もあれば、「日曜日に生で聴けるので楽しみです」という声もあり、つくづく「ラジオをやってきて良かった」と思いました。

僕をラジオの道へ導いてくださった落語家の笑福亭鶴瓶さんが、前にこんな話をしてくれました。「いまからイベントで1千人を集めなアカンというときに、呼びかけて1千人集まるのがラジオや」と。テレビとは違い、話し手の心が聞き手に直《じか》に伝わる。そんな力が、ラジオにはあるんですね。

そうしたラジオの力というのを、肌で感じさせてもらった場所がありました。

それは、僕の住まいの近所にあった「清八《せいはち》そば」というお蕎麦《そば》屋さんです。

3階建ての大きなお店でしたが、ここのおかみさんが明るい人柄で、いつもにこやかに店を切り盛りしていました。いまの住まいに引っ越してから、ほぼ毎日通っていましたが、おかみさんと世間話に花を咲かせるようになり、店を手伝っていた娘さんたちと劇団の公演を観《み》に来てくださったりしました。

ラジオの帯《おび》番組が始まってからは、僕が折にふれて「清八そば」の話をしていたこともあって、リスナーの皆さんがお店に来られるようになりました。ラジオの帯番組をやっていた6年間で延べ5千人。あるときは、店の2階がリスナーの皆さんで埋まった、なんてこともありました。

どんな人が来ても、おかみさんは親切に接してくださって、みんな喜んで帰っていかれるんです。僕が店に行けないときは、「妹尾さん、今日はまだ来てないわ」と応対してくださいました。

あるとき、コワモテ風の男性が「なんで来《け》えへんねん！」と暴れそうになったことがありました。「俺はファンやぞ」と息巻く男性を、おかみさんは「そんな人は妹尾さんのファンにいません。お金は結構ですから帰ってください！」と追い返しました。翌日、僕がお店へ行くと、おかみさんは「妹尾さん、ゴメン」と言って、謝られました。ホンマに心強かったです。

おかみさんは、僕と会えなかったリスナーさんのために、メッセージノートを置いてくれました。リスナーさんがひと言書き残し、それを読んで僕がサインをする。ノートは11冊になりました。

帯番組が週1回の番組となって再スタートした年に、おかみさんはがんを患い、お店も閉めました。それから1年後の秋、おかみさんはこの世を去りました。せめてもの恩返しになればと、おかみさんをモデルにしたオリジナルの芝居『おかみさん～文《ふみ》の清七そば～』を、劇団の本公演で上演しました。

「清八そば」は、ラジオパーソナリティーとしての僕を育ててくれた、大切な場所でした。おかみさんこと亡き中谷加世子《なかたにかよこ》さん、4月からも〝全力投球〟で頑張ります。

（'18・4・1）

「しゃべりを止めるな！」

水泳女子の日本代表選手である池江璃花子《いけえりかこ》さんが、「白血病」と診断されたことを公表したと、ニュースで報じられました。東京オリンピックに大きな期待がかかる18歳の若きエースなだけに、皆さん、さぞビックリされたでしょう。けれど、病気の公表の翌日に出された彼女の力強いメッセージには、本当に頭が下がりました。

各界の著名人はもとより、世界中から池江さんに励ましのメッセージやコメントが寄せられるなか、五輪担当大臣の「ガッカリしている」発言が物議を醸しました。談話の一部分を切り取った報道のあり方を問題視する意見もありました。その一方で、大臣自身も国会の場で謝罪し、発言を撤回しましたが、大臣という立場をわきまえた配慮のある言葉づかいは言うまでもありませんが、人としての思いやりが必要ではなかったかと思いました。

最近は、暴言や失言が〝命取り〟になる出来事が相次いでいますね。この間の兵庫県明石《あかし》市長による暴言騒動も、元は道路拡張工事に伴う立ち退《の》き交渉に当たっていた市職員への叱咤《しった》激励のなかで出た言葉ということですが、お道の教えでも「言葉一つが肝心」と言われるように、理由はどうあれ、捨て台詞《ぜりふ》や切り口上は絶対に使ったらあきませんね。

しゃべりの仕事をしている僕も、言葉には十分に気をつけております。気をつけてはいますが、ラジオの生放送中に熱が入って、つい言葉が過ぎてしまうことがありま す。たとえば、政治に関する発言とか、社会的な事象や有名人の言動に対する苦言とか。柔らかく言ったつもりでも、ラジオを聴く人の受けとめ方は千差万別。時には、お叱《しか》りの電話やお便りを頂くこともあります。

そういうときって、自分でも直感的に分かるんですよ。「あっ、いまの、ちょっと言い過ぎた」「言葉足らずやったな」って。じゃあ、どうやって対処するかというと、発言についての真意を丁寧に話したり、古今東西のいろいろな例を挙げたりして、あらゆる切り口からしゃべり続けます。

番組ディレクターから「次、コマーシャルに行ってください」と指示が入っても、「ここでやめられない」とばかりに、5分、10分と時間をオーバーしてでも、真意が伝わるまで言葉を尽くすんです。

第一線で活躍しているほかのラジオパーソナリティーの方でも、誤解を招く発言をしてしまった場合、自分の言ったことから逃げずに、一生懸命に自分の思いを伝えています。〝しゃべるメディア〟であるラジオだからこそ、こうしたことができるのでしょう。

毎週の生放送では、世間の動向や悲惨な事件・事故に対して、思うことを感じるままにしゃべっています。そこで、もし興奮のあまり過ぎた言葉が出てしまったら、お詫《わ》びだけでその場をしのぐのではなく、言葉を尽くしてリスナーの皆さんに自分の思いを伝えています。プロデューサーやディレクターから「終わって次に行ってください」と言われても、そこは譲れません。

マイクの前で、自分の生きざまをさらけ出しているラジオパーソナリティーとしては「しゃべりを止めるな！」なのです。

（'19・2・24）

この人のセカンドライフ

桑原征平

皆さん、ついにこの日が来てしまいましたね。日米のプロ野球で大活躍したイチロー選手の引退。日本だけでなく、世界にも衝撃を与えました。僕もラジオ番組でイチロー選手についていろいろと話しましたが、彼の偉業はひと口では語り尽くせません。

それから、歌手の森昌子《もりまさこ》さんが年内で芸能界を引退すると発表されました。還暦を機に、これからの人生を充実させたいということで、楽しんで歩んでもらいたいものです。

世間では、定年退職後の〝第二の人生〟をどう過ごすかについて何かと話題に上っていますが、ふと、仲の良い先輩のことが頭に浮かびました。

桑原征平《くわばらしょうへい》さん。元関西テレビのアナウンサーで、現在はラジオパーソナリティーとして関西を中心に活躍しています。皆さんのなかには、ワイドショー番組『ハイ！土曜日です』の名物コーナー「征平の挑戦」や、キー局であるフジテレビの朝の情報ワイド番組に出演していたこともあったので、ご存じの方もおられるでしょう。局アナらしからぬ軽妙な語り口と生来のタレント性で、フリーになったいまも、根強い人気を誇っています。

征平さんとの出会いは平成元年、関西テレビでワイドショー番組のメーン司会をしていたときでした。局の看板アナだった征平さんは、新米司会者の僕に「頑張りや」と親しく声をかけ、テレビの先輩としてアドバイスを下さいました。

巷《ちまた》では、征平さんは「型破りな人」といわれていますが、ホンマにその通りなんです。あるとき、生放送を終えて局の廊下を歩いていると、征平さんに「妹尾、頼みがあんねん」と呼び止められました。聞けば、その日、とある企業のパーティーの司会を頼まれていたが、テレビ番組の収録と重なったので代わりに行ってほしい、ということでした。「分かりました」と家からスーツを持って会場へ行き、征平さんの〝ピンチヒッター〟として務めを果たしました。

レギュラー番組が終了してからは、征平さんとお会いすることはなくなりましたが、それから十数年後、大阪・朝日放送（ＡＢＣ）で再会しました。関西テレビを定年退職後、フリーになった征平さんのラジオ番組が始まるということで、その打ち合わせに来ていました。

「お久しぶりです」とあいさつすると、「妹尾、ちょっと」とトイレへ連れていかれました。征平さんから「俺、フリーになって初めてのラジオやからビビってんねん。おまえのほうが、ラジオでは先輩やから聞くけど、どうしたらええ？」と尋ねられたので、「征平さんの、そのまんまをやったらよろしいですよ」と、今度は僕が征平さんにアドバイスさせてもらいました。

征平さんとはラジオのイベントで共演したり、征平さんの番組に飛び入り出演したりすることはあるんですが、二人で一緒に仕事をしたことや、プライベートで遊んだことは全くないんです。しかも、征平さんとの会話は、いつも放送局の廊下で立ち話。お互いにボロカス言い合いながらも世間話に花を咲かせたり、時には体のことを気づかったりしています。周りからすれば不思議に思われるでしょうけど、お互いにどこかで分かり合っているんです。

ラジオの世界で第二の人生を謳歌《おうか》している征平さんとは、これからも良きライバルとして、日々〝しゃべくり道〟に切磋琢磨《せっさたくま》していきたいと思います。

（'19・3・31）

尊敬するパーソナリティーたち

浜村淳

道上洋三

つい先日、関西で人気のラジオＤＪのヒロ寺平《てらだいら》さんが、今年９月末で引退すると発表しました。

彼は僕と同い年で、しかも誕生日が10日違い。10日だけお兄《にい》さんになる僕も、若いころはＦＭラジオのＤＪとしてブイブイ言わせてきましたが、彼は30歳を過ぎてからデビューし、いまでは「ヒロＴ」の愛称で関西のＦＭラジオの顔となりました。思うところがあっての決断でしょうが、同年代としては寂しい限りです。

いまは、インターネットで全国各地のラジオ放送を聴くことができるようになりました。それでも各地には、地元のリスナーの皆さんに長く親しまれ、愛されているラジオパーソナリティーが数多くおられますね。
母方の親戚《しんせき》がいる北海道へ行ったとき、必ず聴いていたのが『ウイークエンドバラエティ　日高晤郎《ひだかごろう》ショー』（ＳＴＶラジオ）でした。昨年亡くなられた日高晤郎さんがメーンパーソナリティーを務めていた、超大型トークバラエティー生番組ですが、大阪出身で、役者として芸能界入りした経歴を持つ日高さんに親近感を覚えていました。

また、愛知で不動の人気を誇る、つボイノリオさんも、京都のラジオ局でよくお会いしました。つボイさんの語り口は柔らかく、言葉のお遊びも利いていて、おまけに感覚が若い。番組を拝聴して、何度も「なるほど」とうならされました。

関西のラジオパーソナリティーで、僕が尊敬してやまない方が3人います。浜村《はまむら》淳《じゅん》さん、道上洋三《どうじょうようぞう》さん、そして、2年前に亡くなられた諸口《もろぐち》あきらさんです。

浜村淳さんは、もはや説明不要でしょう。『ありがとう浜村淳です』（ＭＢＳラジオ）は、放送開始45年を数える人気番組で、「さて皆さん」で始まる独特な語り口は「浜村節」として全国の方もよく知るところです。特に、浜村さんの真骨頂である映画解説は、本編を見ずとも、そのシーンが頭に浮かびます。

道上洋三さんは、大阪・朝日放送のエグゼクティブ・アナウンサーで、76歳の現在も現役の局アナ。40年以上続く『おはようパーソナリティ道上洋三です』(ABCラジオ)は、浜村さんの番組の強力な裏番組として、人気を二分しています。

道上さんがすごいのは、ラジオなのに間《ま》を取って話すことです。たとえば、ある話題のコメントを返すときには、即答するか、次の言葉が出るまで「えー」とか「あー」とか言ってつなぐのですが、道上さんの場合は、「……どうなんだろうね?」と、あえて考える間を取る。ラジオで無言の時間をつくるのは勇気が要ります。道上さんだからこそできる技なのです。

諸口あきらさんは、チャキチャキの江戸言葉で世相を斬るというスタイルを貫かれていました。歯に衣《きぬ》着せぬ物言いが好きで、僕の番組にも出演していただきました。

諸口さんは、生来の照れ性から初対面の人と話をするのが苦手で、自身の番組でゲストと事前の打ち合わせをするのを嫌がって、「トイレに行く」と言ったきり本番直前まで戻ってこないことがよくあったそうです。ですが、本番ではそんなそぶりを見せることなく、番組を進行していたということです。

どの人気ラジオパーソナリティーの方々も、話術を極め、見識を広めながら、自らのスタイルを確立しています。僕も、そんな先輩たちを目指して、日々勉強しております。学びに年など関係ありません。

（'19・6・9）

和夫のとっておきの話

話の枕にするのも気が引けるほど、新型コロナウイルスに関するニュースが連日報じられていますね。「緊急事態宣言」の対象地域が全国へ拡大されたいま、自宅で過ごす時間が増えた人も多いかと思います。

こういうときこそ、普段なかなか観《み》る機会のない映画に親しんでみてはいかがでしょう。いまはＤＶＤやブルーレイはもちろん、インターネットの動画配信サービスで、いつでも気軽に楽しめます。ひと昔前のことを思えば、いい時代になりました。

今回は、映画にまつわるとっておきの話として、ラジオ番組のインタビューでよくお会いした映画監督の森《もり》田《た》芳光《よしみつ》さんについてお話ししたいと思います。

森田監督といえば、80年代に『家族ゲーム』で〝時代の寵児《ちょうじ》〟として脚光を浴びました。その後も『失楽園』や『武士の家計簿』といった大ヒット作を手がけ、東日本大震災が発生した年の暮れに亡くなられました。年齢は僕の一つ上ですが、同じ時代の空気を吸って生きてきた者同士、どことなく親近感を持っていました。

森田監督と初めてお会いしたのは17年前、『阿修羅《あしゅら》のごとく』の映画宣伝を兼ねた監督インタビューでした。

映画会社の試写室で映画を観た後、主役の4姉妹を演じた女優さんたちについて監督評を伺うと、森田流の愛のムチと言いますか、辛辣《しんらつ》なコメントがズバズバ返ってきました。僕のなかでは、母親役の八千草薫《やちぐさかおる》さんの静の演技がずば抜けていたので、「八千草さんはどうですか？」と尋ねると、「文句のつけようがない」と絶賛でした。「でしょう！」と僕もうれしくなり、そこから映画監督として食べていけなかったころの話を聞くなどして打ち解けていきました。そのとき、大阪芸術大学の映画でお世話になっている大森一樹《おおもりかずき》監督の話をすると、森田監督は「あいつにだけは負けたくないんだよ」と笑っておられました。

次にメガホンを執られた『海猫』は、申し訳ないことに「どこを褒《ほ》めようか」と悩んだ末、映画のロケ地となった北海道の空が良かったと、本編とは関係のないところを褒めました。森田監督も察したのか、『間宮《まみや》兄弟』の宣伝に主演の佐々木蔵之介《ささきくらのすけ》さんと塚地武雅《つかじむが》さんを連れてこられたときには「妹尾さんは怖いよ、本音で言うからさあ」と二人に吹き込んでおられました。この映画は良作でしたので、手放しで絶賛すると、3人でバンザイをしていました。

また、織田裕二《おだゆうじ》さん主演の『椿《つばき》三十郎』は、黒澤明《くろさわあきら》監督作のオリジナル脚本をそのままリメークしたものの、やはりオリジナルに遠く及ばず、「これは監督に直接言おう」と手ぐすね引いて待っていましたが、ついに言えぬままになりました。

来年で没後10年。人間のおかしみを一貫して描き続け、日本映画を牽引《けんいん》した鬼才の作品を、この機会にぜひご覧ください。

（'20・4・26）

テレショップ奮闘記

このコロナ禍のさなかにビックリしたことがありました。僕が出演するテレビ通販番組『せのぶら本舗』（ＡＢＣテレビ）で紹介した商品が、４月から５月にかけて売り上げがすごく伸びたのです。

ちょうど「緊急事態宣言」が出された時期で、ステイホームで買い物に行けず、インターネットでのショッピングに不慣れな方が、テレビを見て購入されたのでしょう。売り上げが伸びたうれしさよりも、どこか切なさを感じております。

通販番組に出演するようになって、かれこれ10年ほどになります。最初の番組『せのぶら！』では、街ぶらロケと通販パートの２本立てでした。番組が終わって数年後、

『せのぶら本舗』として装いも新たにスタートし、現在に至ります。

いまは、大阪のスタジオを借りて収録していますが、『せのぶら！』時代の最初の4年間は、東京のテレビスタジオへ出向いていていました。東京タワーの真下にある有名なスタジオで、当時は『チューボーですよ！』や『秘密のケンミンＳＨＯＷ』といった人気番組の収録も行われていて、堺正章《さかいまさあき》さんやみのもんたさんら錚々《そうそう》たる方々が廊下を行き来していました。

そんななかでの、関西ローカル番組の収録。僕ら出演者とディレクター以外は、すべて東京在住の技術スタッフです。関西ではブイブイ言わしている僕も、関ヶ原《せきがはら》を越えたらほぼ無名に等しいので、最初のころはスタッフもどこか冷めた感じでした。

収録は朝9時から夜9時までで、商品説明だけでなく、商品そのものの撮影といった地味な作業が続きます。ここで、スタッフに「この仕事つまらない」と思わせてしまうと、その雰囲気が視聴者の皆さんへテレビ越しに伝わってしまいます。スタッフに気持ちよく働いてもらえるようあれこれ考えて、収録中は進んで〝おやじギャグ〟

を挟みました。

たとえば、いすに腰かけたりするときには「よっこいしょういち」(元日本兵で、戦後28年目に生還して時の人となった横井庄一《よこいしょういち》さんの名前に掛けたギャグ)と言ってみたり。最初はその場がシーンとなりましたが、そんなことにはめげず、ギャグを繰り出していました。するとスタッフも「なんだかなあ」という感じで、フッと笑ってくれるようになりました。

そのうち、「『せのぶら!』っていう番組、関西で視聴率がいいらしい」「紹介された商品がよく売れているらしい」という評判が東京のスタッフの耳にも届くようになって、風向きが変わりました。東京での収録が終わるころにはスタッフとも親しくなり、スタジオの責任者の方が、涙ながらに僕らとの別れを惜しんでくれました。

このときの経験から、いかに現場のスタッフに和んでもらえるか、というところに心を置いて、商品説明やコメントは台本通りに進めつつ、それ以外の〝遊び〟の部分をせっせと考えております。放送で流れなくても差し支えありませんし、何より収録現場の雰囲気が良くなれば、番組自体にも活気がみなぎります。
視聴者の皆さんに「同じ商品を買うなら、妹尾さんの番組で買いたい」と思ってもらうためには、こうした見えない部分の努力も大切なのです。まあ、僕が楽しいからということもあるんですけどね。

（'20・9・13）

不断の努力が実るとき

新春早々、全国大学ラグビーフットボール選手権大会で天理大学ラグビー部が初優勝したニュースに胸が躍りました。中学、高校と天理で過ごし、ラグビーに親しんでいたこともあって、この快挙をわが事のように喜んでおります。

新型コロナの集団感染という苦境を乗り越えた天理大と、連覇を目指した早稲田大学。両校とも素晴らしいプレーを見せてくれて、本当にありがとうございます。

ところで、これはスポーツの世界に限ったことではありませんが、不断の努力に勝る力はないですね。それとともに、本人すら気づかない未知の才能を引き出してくれる人との出会いによって、初めて花開くのだと思います。

木村大作

かなり前ですが、日本を代表する映画キャメラマンの木村大作《きむらだいさく》さんとお会いしたときにも、そう感じました。

木村さんは、大ヒット映画『八甲田山《はっこうださん》』『鉄道員《ぽっぽや》』などの撮影で知られ、映画監督としても3作品を手がけています。特に、雪景色を撮らせたら、この人の右に出る者はいないといっても過言ではありません。その木村さんが『劒岳《つるぎだけ》　点の記』で監督デビューしたのが、僕の今の年齢に近い年というから驚きです。

監督第2作『春を背負って』の宣伝を兼ねて、僕のラジオ番組に出演していただいたときのことです。ご本人は、あくまで「映画キャメラマン」の肩書にこだわりがあり、キャメラマンがメガホンを執った、と紹介しました。

作品のなかで、ある女優さんの演技が「ちょっと違うかな」と思い、木村さんにその話を向けました。すると木村さんは「演技は役者の仕事、監督は役者を現場で追い込むだけ」と言いきられました。

また、同時期に公開された高倉健《たかくらけん》さん主演の映画『あなたへ』に撮影スタッフとして参加できなかった話では、健さんの主演作には必ず参加していただけに、「俺の映画をずらしてでも、健さんのほうへ行きたかったんだよ」と。無茶な話ですが、人とのつながりを大切にしてきた、心意気あふれるひと言でした。

木村さん本人も、監督になることなど思ってもみなかったでしょう。ですが、その才能を早くに評価した巨匠・黒澤明監督をはじめ、名だたる映画人との仕事を通じて、素養がおのずと備わったのだと思います。もちろん、本職であるキャメラマンとしての弛《たゆ》まぬ努力が下地になっていることは言うまでもありません。

木村さんは昨年の秋、文化功労者の一人に選ばれました。映画撮影の分野では初めてで、「映画スタッフ全員の励みになれば」とのコメントに、映画人として60余年歩んでこられた重みを感じました。

（'21・1・17）

Ⅱ 役者の道

ナミダ味のきつねうどん

火野正平

今年は、久しぶりにTVドラマに出演しました。NHK大阪放送局制作の『花園《はなぞの》オールドボーイ』で、主演の麿赤兒《まろあかじ》さんの友人役でした。舞台の世界では大先輩の麿さんと共演できたこともうれしかったのですが、天理のラグビー関係者が大勢このドラマに協力していたということで、天理の学校で育ててもらった僕も、少しは恩返しができたかなと喜んでおります。

ところでNHK大阪は、連続ドラマで初めてレギュラー出演した放送局なんです。その作品とは、昭和55年放送の銀河テレビ小説『御堂筋《みどうすじ》の春』。大阪・御堂筋の地下街を舞台にした青春ドラマで、主演は三浦洋一《みうらよういち》さんと浅野温子《あさのあつこ》さん。僕は、伴淳三《ばんじゅんざぶ》郎《ろう》さん演ずるラーメン屋の主人が主宰する映画会のメンバーの一人で、高明《たかあき》という役でした。

あるとき、ラーメン屋で働く三浦さんと店主の〝伴淳先生〟が会話しているところへ、保険会社に就職した僕がセールスに来るシーンの撮影がありました。伴淳先生の長台詞《ぜりふ》の後に僕が店に入るのですが、伴淳先生、ご高齢で台詞が出てこない。二十数回もNGを出して、ようやく言えた。スタッフの合図で僕が店に入って、「おっちゃん、総合ドリーム保険に入ってくれへん?」と言って、カットOK!

……と思いきや、今度は僕がトチりました。台本では「ドリーム総合保険」だったんです。VTRチェックでスタッフが、「あれ? いまの台詞おかしくない?」と気づいて撮り直し。副調整室にいたディレクターからは、スピーカー越しに「役者だったら覚えてこーい!」と怒鳴《どな》られ、伴淳先生には「すいませんでした」と謝りました。そりゃ、このシーンだけで2時間近くもかかっていますから、さすがにショックで落ち込みました。

次の出番までの間、スタジオの廊下の長いすで首をうなだれて座っていました。と、そこへ足元に人影が見えました。顔を上げると、共演者の火野正平《ひのしょうへい》さんが立っていました。

それまで火野さんとは、あいさつをするくらいで、まともに話したことがなかったんです。その火野さんが「高明〜ぃ、きつねうどん食いに行かな〜い？」と誘ってくださったんです。

社員食堂で火野さんと向かい合わせに座りました。火野さんは「東京へ行くと、まずいんだよね」とか言いながら、美味《おい》しそうにきつねうどんをすすっていました。僕は、もう涙があふれて、うどん鉢から顔を上げられませんでした。

「大変だったね」とか言わず、そうやって励ましてくださったんです。火野さんは当時、芸能界きってのプレイボーイとして週刊誌をにぎわせていましたが、火野さんに惚《ほ》れる女性の気持ちが分かりました。人への気づかいがこまやかで、黙って優しいんです。

その後、別の作品でご一緒したときは「高明、来てんだぁ～」と、そのときの役名で呼んでくださって可愛《かわい》がってもらいました。まあ、ゲストの女優さんに「彼女ぉ～お茶飲みに行かな～い?」とナンパして、スタッフから「正平とお茶を飲みに行ったら子供できるぞ」と茶々を入れられていましたけど(笑)。でも嫌みがなく、誰からも愛される人なんだと思いました。

火野さんのさりげない優しさに、ボロボロ泣いて食べたあの日のきつねうどんは、ヤケにしょっぱい味がしました。

('14・2・16)

名優・升君と米ちゃんのこと

升毅

國村隼

3月31日、タモリさん司会のお昼の番組『笑っていいとも!』が終了しましたね。昭和57年のスタートから32年間も続いたんですから、すごいですよね。

実は同じ日、関西エリアで放送していた僕のテレビ番組『せのぶら!』も終わりました。放送は4年間と、『いいとも!』に比べたら8分の1の期間でしたけれど、大阪の商店街を中心にブラブラと街歩きをして、地元の人ともふれ合いました。一度、天理にもお邪魔しました。ホンマ、楽しい番組でした。

終わりがあれば始まりもあるというわけで、この春、大阪に「あべのハルカス」っていう日本一高いビルがグランドオープンしました。このビル、新築のタワー館と、もともとあった百貨店のビルをリニューアルしたウイング館から成るんですが、このウイング館のなかにある「近鉄アート館」が13年ぶりに演劇スペースとして復活しました。

こけら落としは、人気歌舞伎俳優の片岡愛之助《かたおかあいのすけ》さんの特別公演。3月には、劇作家わかぎゑふさんの舞台『一郎ちゃんがいく。』がありました。

この作品で主演を務めたのが関西出身の名優・升毅《ますたけし》さん。彼とはその昔、とある劇団の舞台で共演したのがきっかけで、升君が他の役者と結成した演劇ユニット「売名行為」の立ち上げに僕が協力したり、僕の劇団の公演に升君がゲスト出演してくれたり……といった仲になりました。その当時から彼は一流でしたが、いまではテレビや映画、舞台で大活躍のええ役者になりました。

そうそう。そのときに同じ舞台で共演した、皆さんもご存じの役者さんがもう一人います。國村隼《くにむらじゅん》さん。僕らは、彼の本名「米村《よねむら》」から「米ちゃん」と呼んでいました。彼も素敵《すてき》な役者でね。一緒に舞台に立ったとき、彼は小さい役でしたが、不平不満を言わず熱心に稽古《けいこ》に取り組んでいました。口下手《べた》で、僕が「なあ米ちゃん、そうやんなあ」とペラペラしゃべっているのを、ニコニコと聞いてくれたんです。

升君や僕は、役者の仕事以外にもラジオやナレーターといった、しゃべりの仕事を頂いたりしましたが、米ちゃんはアルバイトで生計を立てていました。

偶然、街なかで会うことがあって、あるときなんか某牛丼チェーン店に行ったら、カウンターの向こうで彼が「へい、らっしゃーい」って。僕だと気づくなり、ニコーッと笑って「並にしますか、大盛りにしますか」。すごく胸が熱くなって、牛丼屋で僕、涙しました。

その米ちゃんが、コワモテから三枚目まで幅広くこなす高い演技力で、いまでは押しも押されもせぬ名優として知られるようになりました。それに、ハリウッド映画『ブラック・レイン』への出演をきっかけに、海外へも活躍の場を広げました。そんなこともあって、僕のラジオ番組に出演してもらったときには「よう頑張ったな、米ちゃん」と二人で涙して喜び合いました。

そういえば、米ちゃん、昨年公開の映画『少年H』にも出演していました。この作品、15年前にフジテレビの開局40周年記念スペシャルドラマとして放送されたときには、僕は近所のおっちゃんの役で出演しました。窪塚洋介《くぼづかようすけ》君演じる「オトコ姉《ねえ》ちゃん」が出征《しゅっせい》するときに万歳三唱をして送り出す役だったんですが、映画では、その役どころを米ちゃんがやったんです。

映画館で観《み》てビックリしましたが、何か縁があるなあと感じましたね。けど、やっぱり米ちゃんのほうが格段に上でしたね。

（'14・4・6）

声をかけてもらえる幸せ

高橋悦史

しゃべりが好きな僕ですが、若いころは芝居の台詞《せりふ》回しに悩んでいた時期がありました。役になりきって台詞を言うのは難しいもので、特に映画やテレビドラマでは、自然な感じに聞こえるように言わなきゃなりません。

これは自分でもギャグにしているんですが、僕、反《そ》っ歯で口がちゃんと閉まらないんです。それで、無理に口を閉じていると、台詞を言うときに口がパカッと開いて、変に力んで不自然な演技に見えてしまうのです。おまけに見た目もブサイク（これが一番ツライ！）。一時はどうしようかと悩みました。

しかし、ある俳優さんとの出会いで、その悩みが解消しました。その方とは、いまは亡き高橋悦史《たかはしえつし》さん。テレビ時代劇『鬼平犯科帳』で中村吉右衛門《なかむらきちえもん》さん演じる主人公・長谷川平蔵《はせがわへいぞう》の腹心の筆頭与力・佐嶋《さじま》役でご存じの方も多いかと思います。

いまから30年も前の話になりますが、『五郎の証《あかし》』という人権教育映画で共演したときのことです。ロケ現場の控室で出番を待っていると、同じく出番待ちの高橋さんのほうから「妹尾君」と声をかけてくださったんです。それまで話をしたことがなかったので、ちょっと緊張していると、おもむろに「君、口もと気にしてる?」とおっしゃったんです。

いやあ、僕が気にしていることを言い当てられたので驚きました。「はい」と返すと「きょう、君と芝居をしていて、僕と骨格がよく似てるなあと思っていたんだ」と。どうやら、高橋さんも若いころに僕と同じ悩みを抱えていたそうで「コツをつかんで努力をすれば、絶対に直るよ」と直々《じきじき》に助言してくださいました。

要は、台詞を言う直前に、ほんの少しだけ口を開けておくと、余分な力が抜けて台詞が自然に出るということでした。

それからは、名優と呼ばれる役者さんの口もとを見て研究しました。特に、骨格が似ている藤田《ふじた》まことさんをお手本にしましたが、そのコツを体得するまで1年近くかかりました。

高橋さんがわが事のように親身に助言をしてくださったおかげで、自分の悩みに正面から向き合うことができました。そして、努力を惜しまず、克服することで自信がつきました。それに、演技の幅が格段に広がり、役者として仕事を続けることができたのです。

いま、ドラマの撮影現場やうちの劇団などで、黙々と一生懸命に取り組んでいる若手の役者を見ると、つい「頑張ってるか、何か困ってることはないか」と声をかけたくなります。自分のことを気にかけてくれる人がいるのは、やはりうれしいものですし、幸せなことなんです。

ささいなことでも構わないので、いろんな経験を積み重ねてきたわれわれ大人が、率先して若者たちに声をかけましょう。

（'14・7・20）

なんてったってアイドル！

芸能ニュースで、歌手の中森明菜《なかもりあきな》さんの5年4カ月ぶりの新曲が、オリコンの週間ランキング初登場第8位という話題が報じられていました。

明菜さんといえば、僕らが若かりしころのトップ・アイドル。僕も共演したことがあります。と言っても、ステージショーの司会ですけどね。当時は大阪で役者をしながら、司会のアルバイトもやっていました。

確か、明菜さんが衣装チェンジで舞台を降りている間、彼女のヒット曲『セカンド・ラブ』を僕がしっとりと歌い上げました。「おまえが歌うんかい！」とツッコまれそうですが、ピンスポットを浴びて気持ちよく歌っていたら、スタッフで同行していた振付師の土居甫《どいはじめ》さんが、スポットをわざと外して遊びはじめたんです。ステージでは、僕が歌いながらスポットを追いかける。スポットが外れる。また追いかける、外れる……。まあウケましたね。そんなやりとりが関係者の評判になったのかは知りませんが、その後もいろんなアイドル歌手のステージ司会を務めました。

ところで、そのころのアイドルで言えば、僕はキョンキョンこと小泉今日子《こいずみきょうこ》さんのファン。いまは女優としても大活躍ですが、仕事でご一緒する機会なんて、なかなかありません。

でも、一度だけ〝お近づき〟になれたことがありました。

もう十数年前の話ですが、小泉さんがテレビドラマの収録で大阪・朝日放送（ABC）へ来たことがありました。同じ局のラジオ番組『全力投球!! 妹尾和夫です』が始まって間もないころで、「絶対に入ったらあきませんよ」と番組ディレクターに釘《くぎ》を刺されつつ、キョンキョン見たさに収録スタジオへ行きました。

周りのスタッフに「おはよ」とあいさつをしながらウロチョロしていますと、昔からの役者仲間の〝米《よね》ちゃん〟こと國村隼さんとバッタリ出会いました。

「ここで何してんの？」と尋ねると、米ちゃんは「え？ ドラマの収録ですよ」。なんと米ちゃん、小泉さんの相手役だったんです。しかも出演者は二人だけ。「うわっ！ズルいわあ」とゴネると、米ちゃんは「もうすぐ戻ってこられますから、紹介しますよ」と気を利かせてくれました。

ドキドキして待っていたら、廊下から小泉さんが颯爽《さっそう》と現れました。そのとき、頭のなかでキョンキョンのヒット曲がメドレーで流れました。

「こちら、妹尾さんという大阪の先輩で……」と紹介してくれた後は、米ちゃんのことはほったらかし。途中「立ち話もなんですから」と、あつかましくも楽屋にお邪魔して、しゃべりまくりました。

で、僕がしゃべっているその横で、米ちゃんはニコニコしながら聞いていました。こっちもたまらんようになって、米ちゃんに「おまえもファンやろ！」と言うと、米ちゃんも「そうなんです」と返してくれてね。

そんなやりとりもしながら、憧《あこが》れのキョンキョンと楽しいひと時を過ごすことができました。これも米ちゃんのおかげですわ、ホンマ。

（'15・2・8）

道はまっすぐがいい

僕のラッキーカラーのピンク色が際立つ春がやって来ました。この時期は、入学や進学、就職と、人生の新たなステージに立つ人が大勢おられると思います。

ステージに立つ、と言いますと、関西を代表するイケメン舞台俳優（!?）の僕も、年1回、劇団の本公演で舞台に立っております。

ところで皆さん、舞台やカメラの前に立って演技をするのって、結構大変なんですよ。何が大変かって？　これがね、「自然体で立つ」ということができないとアカンのですよ。

「そんなん簡単やんか、ただボーッと立ってたらええのとちゃうの」って？　いやいや、そんなわけにはいかないんです。ただでさえ、お客さんやカメラの前に立つだけでも緊張するのに、そこで演技をしなければならないとなると、変に力が入って、自分が思っている以上に不自然な動きになってしまいます。だから、役者は舞台上で自然な演技ができるように、発声練習や肉体訓練といった基礎練習を大切にしています。これが役者としての土台作りなんです。

かれこれ30年以上も前の話になりますが、以前所属していた芸能事務所で、役者志望の若者に演技指導をしたことがありました。

当時は、人気俳優の亡き松田優作《まつだゆうさく》さんが全盛だったころで、男性陣全員、優作さんの口調をまねて即興演技をしていたんです。まあ、憧《あこが》れる気持ちはよう分かるんですけれど、それと演技をすることとは別ですし、役者としての個性にはなりません。

松田優作さんの場合は、かつて所属していた文学座で演劇の基礎を叩《たた》き込まれていました。そうした土台があったからこそ、あの独特の台詞《せりふ》回しや所作が個性として光り輝いていたんですね。

僕は彼らに「それは個性じゃないよ、癖としか見られないよ」と助言しました。癖と個性は、似て非なるものです。癖を個性に変えるには、やはり土台になる部分をしっかりと築く。そこから、本来持っている個性が磨かれ、おのずと道が開かれるんです。

そんなこともあって、うちの劇団員を指導する際には「常に自然体でお客さんやカメラの前に立てるようになったら、僕からは何も教えることはない。あとは、それぞれの個性だから」と話しています。

それに、若いときって気持ちばかりが空回りして、「早く周りから認められたい」とか「いい役に恵まれたい」とか、ついつい自分の実力以上のことを求めてしまうんです。

こんな話をしていたら、僕の行きつけの美容室のお手洗いに、詩人の相田《あいだ》みつをさんの詩が飾ってあったのを思い出しました。皆さんもよく知っているかと思いますが、ちょっと紹介します。

道は一本
単純でまッ直《す》ぐがいい
何かを欲しがると
欲しがったところが曲がる
道は一本
まっすぐがいい

これから新しいステージに立つ皆さん。長い人生まだまだこれから。〝道はまっすぐがいい〟を胸に、焦らず前へ進みましょう。絶対ええことありますよ、ホンマに。

（'15・3・15）

「ホンマの本気」で何かが変わる

私事で恐縮ですが、この4月に社長になりました。劇団独自で舞台や映像の仕事を展開しようと、お世話になっていた事務所から独立して、劇団プロダクションを設立しました。

63歳にして社長になり、これからどうしていこうかなと。そんなことを思っておりますと、7年前に舞台『黒部《くろべ》の太陽』に出演したときのことを思い出しました。

この作品は、昭和を代表するスター、石原裕次郎《いしはらゆうじろう》さんと三船敏郎《みふねとしろう》さんが製作・出演した同名映画を題材に、映画のストーリーと映画製作の舞台裏を重ね合わせた内容です。主演は、神田正輝《かんだまさき》さんと中村獅童《なかむらしどう》さん。そのほか豪華キャストで、大阪の梅田芸術劇場で1カ月間公演しました。

映画では〝伝説のシーン〟として知られるトンネル工事の出水シーンを、舞台上で再現するなど話題を集めましたが、劇場を毎回満席にするには関西からも出演者をと、僕に話が来ました。当時は月曜日から金曜日までラジオの生放送がありましたので、ラジオの仕事に支障が出ないよう、ダブルキャストで、しかも「特別出演」の扱いで、ということになりました。

東京へ舞台稽古《げいこ》に行ったときのことです。稽古場に入ると、出演者全員が不思議そうに僕を見てるんです。そりゃそうですよ、関西ではブイブイ言わしていても、全国的には無名だった僕が、映像出演の渡哲也《わたりてつや》さんと同じ〝特別出演〟の扱いなんですから。

共演者の大地康雄《だいちやすお》さんに「なんで特別出演なの?」と聞かれたので説明すると、「あー、そういうことか、謎が解けた」と納得しておられました。演出を担当した映画監督の佐々部清《ささべきよし》さんには、「あなた、関西では有名なの?」とチクリとやられました。

特別出演のプレッシャーを払拭《ふっしょく》するためには、舞台人としての実力を見せなアカンと思いました。

僕が演じたのは、トンネル工事の事故で亡くなった作業員の父親。息子を失った悲しみに泣き崩れ、獅童さん演じる現場監督にお礼を言うという場面でした。

佐々部さんから「ワンシーンでお客さんを泣かせてね」と注文が来ました。もう、こうなったらやるしかないと、本番さながらにパーンと演じました。

そうしたら、稽古場がピーンと張り詰めた空気になって、獅童さんの体が、まるで電気が走ったかのようにビッとなりました。僕と一緒に作品に出演していた劇団員の安井牧子《やすいまきこ》さんが、「座長が帰った後、稽古が引き締まりました」と教えてくれました。

共演者の方とも仲良くなりました。いままでにない緊張状態で迎えた最初の本番では、主役の神田さんが「妹尾さん、こちらです」と舞台の立ち位置まで誘導してくださったり、大地さんが僕の出番を舞台袖《そで》で毎回見てくださったり。後日、僕がレギュラー出演していた大阪のテレビ番組に獅童さんがゲストで来てくれたときは、「ご無《ぶ》沙汰《さた》しております」と向こうから握手をしてくださいました。

やっぱり、人間、ここぞというときに「ホンマの本気」を出さんとあきませんね。そこから何かが変わっていくんやと思います。

社長になっても、全力投球で頑張りまっせ！

（'15・4・12）

僕はいまだ〝夢の途中〟

山田洋次

ラジオのスタッフから「妹尾さんの夢って、なんですか？」と聞かれることがあります。えっ？　ええ年して、まだ夢があるのかって？　失礼な、僕もまだまだ夢見る年ごろですよ。

僕の場合、いま一番叶《かな》えたい夢は、山田洋次《やまだようじ》監督の映画に出演すること。どんな役でも構わないので、山田組の撮影現場で、山田監督と同じ空気を吸ってみたいんです。

その思いは、大学在学中のころにさかのぼります。当時のテレビ番組『スター千一夜』に高倉健さんと一緒に山田監督が出演していました。あの健さんをして「監督との出会いで、僕の役者観が変わりました」と言わしめたくらいですから。そのときの山田監督の話も、僕にとっていい刺激になりました。

それ以来、山田監督の作品は欠かさず観《み》ています。たくさん泣きましたし、たくさん感動もしました。僕が座長を務める劇団「パロディフライ」が目指す「ハートウォーミングなお芝居」も、実は山田監督の影響が大きいんです。

特に、僕が一番泣いた作品は『十五才　学校Ⅳ』。不登校の少年が、ヒッチハイクの旅で出会った人々とのふれ合いを通じて、自らも成長していく物語で、場面を思い出すだけでもボロボロと泣けてくるんです。

主人公を演じた金井勇太《かないゆうた》さんとは後年、舞台『黒部の太陽』で共演することになりました。なんと僕の息子役で、顔合わせの場で思わず「あの映画で、おまえにどんだけ泣かされたか」と言ってしまいました。

テレビの情報生番組でご一緒していた漫才師の宮川花子《みやがわはなこ》さんが、夫の大助《だいすけ》さんと『男はつらいよ　寅次郎紅の花《とらじろうくれない》』に出演が決まったときのことです。

ある日の放送後、花子さんが「妹尾さん、いまから山田監督と会うねん」と言うので、僕が「ええなあ」とうらやむと、「そんなに好きやったら、私が言うたるから、一緒に映画に出よう」と。冗談とも本気ともつかない花子さんのお誘いに、「いくら好きでも、そういうふしだらなことはできません」とお断りしました。

そんな僕にも、ついに山田監督と会えるチャンスが巡ってきました。山田監督が当時、客員教授を務めていた立命館大学映像学部の学生と製作した『京都太秦《うずまさ》物語』の宣伝を兼ねて、僕のラジオ番組にゲストとしてお招きすることになりました。ですが、直前になって監督が体調を崩され、僕の夢は、またもや遠のきました。

その後、テレビ番組のロケで京都の太秦を訪れたとき、偶然『京都――』の主人公の実家として登場したクリーニング店を見つけました。そこの店主夫妻も、主人公の両親の役で出演していて、撮影のウラ話を聞かせてもらいました。ホンマに、聞けば聞くほどうらやましい。

山田監督に恋をして、いまだに片思いのままの夢見る僕なのであります。

（'15・9・6）

舞台を観る喜びと楽しみ

仕事柄、舞台演劇を観《み》に行くことがあります。若いころは、毎週のようにプロの芝居から学生演劇まで、ありとあらゆる舞台の観劇に出かけたものです。

ただ、テレビや映画のように、いつでもどこででも見られるというわけではありません。劇場へ足を運ばなければなりませんし、人気劇団や有名な演出家の作品になると、チケットを取るのも大変。ですが、良い作品に出合えたときの喜びは格別ですし、いい役者さんを見つける楽しみもあります。

僕にとって、東京の大学へ通っていたころに新宿で観た「現代人劇場」の芝居が、役者の道を志す転機となりました。現代人劇場は、僕の〝人生の師〟の一人である舞台演出家の蜷川幸雄《になががわゆきお》さんらが結成した劇団で、ただただ衝撃的でした。

当時のメンバーだった俳優の石橋蓮司《いしばしれんじ》さんと後年、仕事でご一緒したときにその話をすると「おまえも蜷川にだまされたんだ」と笑っていましたが、それほど強烈だったんです。

蓮司さんもさることながら、同じく劇団メンバーで、昨年亡くなられた名優・蟹江《かにえ》敬三《けいぞう》さんは、僕に「プロの役者になろう」と本気で思わせた一人でした。のちにテレビや映画などでも活躍されましたが、シャープななかにもほとばしる情熱が伝わる演技力で、僕は客席から羨望《せんぼう》のまなざしを送っていました。

その後、結婚して下高井戸《しもたかいど》のコーポに住んでいた時分に、乳母車を押して散歩している蟹江さんを目撃しました。ご近所さんだったようで、しょっちゅうお見かけしましたが、声をかけられず、子守りをしている姿を遠くから見つめていました。

それから20年近く経《た》って、「東芝日曜劇場」（ＴＢＳ系）の大阪制作のドラマ『いつかライオンの夢を』で、蟹江さんと共演することになりました。

蟹江さんは、東京から大阪へ単身赴任したサラリーマンの役で、僕は後輩の同僚役。出演シーンはわずかでしたが、蟹江さんと直接お芝居で絡む役どころだったので緊張していました。

ちょうど、タクシーでロケ現場へ向かうときのことです。スタッフが「もう一人、乗られます」と言うので、先に乗って待っていると、なんと蟹江さんが乗ってこられました。

もうビックリして、心臓がドキドキしっ放し。会話もないままでしたが、僕が「タバコ吸っていいですか？」と声をかけたのをきっかけに、現代人劇場の舞台を観た話をしました。

瞬間「えっ？」と蟹江さんの表情が緩み、「観たの？　時々言われるんだけど、貴重だね」と目を輝かせていました。あのころの思いの丈《たけ》を伝えようとする僕の話に、「そう、そうなんだあ」と感慨深げに聞いてくださいました。さすがに下高井戸の話は、「なんで知ってるの！」と驚いていました。

撮影も無事に終わり、ドラマの打ち上げで蟹江さんのところへあいさつに行きました。

蟹江さんは「そう、観てくれていたんだ」と言葉少なでしたが、うれしそうにされていて、僕にとって、まさに至福のひと時でした。

僕らの仕事に限ったことではないですけど、憧《あこが》れときめく人がいてくれるというのは、ホンマにうれしいことですね。

（'15・7・19）

あの人へのごめんなさい

金田龍之介

このエッセーでは、これまでに撮影現場やラジオ番組のゲストでお会いした役者さんのことについて、あれこれとしゃべっておりますが、そんななかで、謝らなければならない方がいます。

その方とは、名脇役で知られた故・金田龍之介《かねだりゅうのすけ》さん。善悪問わず幅広い役をこなされることで定評のある役者さんでした。東京生まれで大阪育ちの金田さんは、子役として初舞台を踏んで以来、80歳で亡くなられるまで生涯現役を通されました。

僕のやっていたテレビ番組に金田さんがゲスト出演してくださったときのことです。金田さんのことは、もちろん映画やテレビでよく存じ上げていましたが、演劇の〝心の師匠〟である蜷川幸雄さんの舞台でもお見かけしていましたので、金田さんにその話を向けました。

するとと「僕は、蜷川さんの舞台に出たくて出たくて、事務所へ連絡して『オーディションしてください』とお願いしたんです」と、嬉々《きき》として話されるのです。まあ、これだけ実績のある方ですからオーディションは必要ないとしても、舞台人としての情熱には脱帽しました。

放送が終わってから、一緒に食事に行って、蜷川さんの舞台にまつわる話などをいろいろ聞かせてくださいました。金田さんは「よくテレビや映画のことを尋ねられることはありますが、妹尾さん、あなたのように生の舞台を見てくれている方に会うと、本当にうれしいなあ」と上機嫌で話しておられました。

その後、放送局宛《あ》てに金田さん本人から直筆のサイン入りの自著本が届きました。うれしいやら、もったいないやらで、すぐにお礼状を書かなきゃと思っていたんですが、なんやかんやと日が過ぎて、書きそびれてしまったんです。

それからしばらく経《た》って、金田さんは亡くなられました。ニュースで知った瞬間、「あっ、しまった！」と。ホンマ、後悔先に立たず、ですね。胸襟《きょうきん》を開いて話をしてくださった大先輩に、失礼なことをしてしまって……。その日の夜、家の神棚の前で親父《おやじ》とおふくろの霊様《みたま》に向かって「俺、やっちゃったよ」と反省しきりでした。

この3月31日で没後7年ということで、ここで、あらためて金田さんにお礼を言いたいと思います。

金田龍之介さん、大変遅ればせではありますが、その節は本当にありがとうございました。

（'16・3・13）

二枚目俳優の一宿一飯

三田村邦彦

僕の芸能生活は、元々は役者でスタートしましたが、その後はワイドショー番組の司会、お笑いタレント、報道リポーター、舞台演出、そしてラジオパーソナリティーと、気がつけば、いろいろな仕事をさせてもらいました。

役者としてのプロフィールでは、ＮＨＫ銀河テレビ小説『御堂筋の春』（昭和55年）でデビューとなっていますが、その前からドラマの端役《はやく》で出演していました。当時は、実家のパン屋を手伝いながらの俳優業でした。

『御堂筋の春』に出演する1年ほど前のことです。ある日、当時あった劇団青俳《せいはい》でマネージャーをしていた大学の演劇部の先輩から、「仕事で関西に来たので、おまえの家に泊めてほしい」と電話がありました。二つ返事でＯＫすると、「一人、若い子を連れていくけど、いいかな」と。「はい、分かりました」と配達用のライトバンで最寄りの駅へ迎えに行きました。

すると、先輩の隣に、目を見張るくらいにカッコええ男性が立っていたんです。「どっかで見たことのある顔やなあ」と思いながら、車に乗ってもらいました。しばらく運転していて、その男性が誰なのか思い当たったのです。

（そうや、三国《みくに》ちゃんや！）

「三国ちゃん」とは、当時放映していた大原麗子《おおはられいこ》さん主演のテレビドラマ『たとえば、愛』に登場する、ラジオ番組のディレクター。演じていたのは、同作でテレビデビューを果たした俳優の三田村邦彦《みたむらくにひこ》さんで、なんとその三田村さんがうちで泊まることになったんです。

まあ、家に着いてからは大騒ぎでした。ドラマを毎週見ていたうちの母は「いやッ、三国ちゃんや！」と喜んでいました。たまたま遊びに来ていた高校生のいとこなんかは、朝食のとき手を震わせながら三田村さんにみそ汁を出していました。

なんで三田村さんが関西に来たのかというと、テレビ時代劇のレギュラー出演が決まり、京都の撮影所での衣装合わせをするためでした。その番組というのが、皆さんご存じの『必殺仕事人』だったんです。

『必殺仕掛人』から始まる必殺シリーズの人気を不動のものにしたヒット作品で、三田村さんが演じた飾り職人の秀《ひで》は、若い女性を中心に爆発的な人気を博し、三田村さんの当たり役となりました。

それからしばらくして、僕に『仕事人』出演の話が来ました。普段は魚屋になりすました盗賊の手下役で、台詞《せりふ》もたっぷりありました。中村主水《なかむらもんど》役の藤田まことさんをはじめ、大御所の俳優さんがおられて緊張しましたが、唯一、顔見知りになった三田村さんがいたので、安心して撮影に臨むことができました。

この出演をきっかけに、時代劇の仕事が次々と舞い込んできました。必殺シリーズにも数本出演し、三田村さんと撮影現場で顔を合わせることもしばしばありました。

後年、僕のテレビ番組に三田村さんが特別出演してくださったとき、うちに泊まった話に水を向けてみました。三田村さんはすっかり忘れてはりましたけれど、僕にとっては、この世界で活躍するための目に見えない力を頂いたのかなと思っています。三田村さんにも、大学の先輩にも、ホンマに感謝です。

（'16・9・18）

映画スターの〝聖地〟に入って

大森一樹

大阪・天王寺の映画館で、僕も出演させていただいている映画が1週間限定で公開されました。題名は『大芸大に進路を取れ』。大阪芸術大学創立70周年記念映画で、大学の映像学科長でもある映画監督の大森一樹さんが総監督を務め、主演の本上《ほんじょう》まなみさんをはじめ、プロの役者さんや学内オーディションで選ばれた在学生の皆さんと一緒に出演させていただきました。

ところで劇映画といえば、いまから10年近く前になりますが、大阪・朝日放送（ABC）の新社屋完成記念事業の一つとして、5人の映画監督によるオムニバスのショートフィルムが製作されました。僕は、そのうちの1本を担当していた大森監督のオファーを受け、佐藤隆太《さとうりゅうた》さんと高岡早紀《たかおかさき》さんが主演した作品に参加しました。

作品の内容が時代劇だったので、東映京都撮影所（京撮）で撮影が行われました。若いころ時代劇の仕事でよく通っていた場所で、二十数年ぶりの訪問でした。

京撮には、本当にいろんな思い出があります。大川橋蔵《おおかわはしぞう》さんの『銭形平次』では、ゲスト出演のいしだあゆみさんの弟役で出ました。いしださんを突き飛ばすシーンがあり、カメラテストで突き飛ばしたら、いしださんがものすごい勢いで飛んでいきました。けがはなかったんですが、橋蔵さんに「あゆみちゃんは体が細いから、もう少し優しく」と、たしなめられました。

また、別の作品では「黒澤明監督の『用心棒』の仲代達矢《なかだいたつや》みたいなイメージの役者を探している」と聞き、撮影所の食堂へ行ってその監督の前で、ひと言も発せず睨《にら》みつける演技をして役を頂いたこともありました。

久しぶりの京撮では、映画のプロデューサーが「お部屋を用意しています」と、俳優会館のなかにある控室に通してくれました。

僕は「えーっ、嘘《うそ》やん！」とビックリしました。傍《かたわ》らにいたマネージャーは「座長、なに興奮してるんですか」と冷静でしたが、僕にとっては俳優会館の控室へ足を踏み入れることなんて夢のまた夢でしたから。

会館の2階と3階は主役級の俳優さんの控室があり、高倉健さんや里見浩太朗《さとみこうたろう》さん、松方弘樹《まつかたひろき》さん、北大路欣也《きたおおじきんや》さんなど大御所の俳優さんの名前が掲げられたスター専用の個室があります。僕らが会館を利用するのはメイクや衣装の着付け、4階にある道場で殺陣《たて》の稽古《けいこ》をするくらい。しかも、玄関からすぐの階段はスターの方々が通られるので、奥の階段から上がっていました。それくらい僕らにとって俳優会館の控室は、映画スターの証しが刻み込まれた〝聖地〟なんです。

それにしても、このときに撮影所の雰囲気が随分変わっていたことにも驚きました。スタッフの対応もビジネスマンさながらで、僕らが仕事で通っていたころの〝活動屋〟然とした荒々しいイメージとは全く違っていました。懐かしい時代が終わる寂しさとともに、新しい時代の流れを感じました。

（'17・1・22）

亡き俳優がつないでくれた縁

今回は俳優の亡き古尾谷雅人《ふるおやまさと》さんにまつわる話をしたいと思います。彼が45歳で自ら旅立ってしまって、来年の春で15年になります。

古尾谷さんとは、ＮＨＫ銀河テレビ小説『御堂筋の春』で共演して以来の付き合いでした。彼も僕のことを慕ってくれて、大阪へ来たときには、うちの実家に泊まっていったりしたものです。

そもそもドラマの舞台が大阪で、台詞《せりふ》も関西弁だったことから、古尾谷さんが言葉のアクセントチェックを僕に頼んできたことが交友のきっかけでした。そのうちに、テレビドラマの演技に慣れていないという相談を受けて、彼の出番のときには、カメラリハーサルで彼の演技をチェックして、いろいろとアドバイスをしていました。

空き時間には、同じく共演者だった芝居仲間の〝米ちゃん〟こと國村隼さんと3人で、大阪・森ノ宮にあった日生球場（日本生命球場）のすぐ横のバッティングセンターへ行って暇を潰《つぶ》したり、収録が終わると飲みに行ったりもしました。

確か、ドラマの収録が終盤に差しかかったころ、古尾谷さんから相談を受けました。次の仕事となる映画の出演依頼が2件来ていて、どちらに出演したらいいか、という内容でした。

うち1本は、武田鉄矢《たけだてつや》さんの初主演映画『思えば遠くへ来たもんだ』で、高校の柔道部のキャプテンという配役でした。しかし、僕は「監督の名前は聞いたことないけれど、主役をやったほうが役者として力がつくのと違う？」と、もう1本の作品を推しました。

その作品とは、大森一樹監督の『ヒポクラテスたち』。医学生の青春模様を描いた作品で、古尾谷さんは「報知映画賞」の主演男優賞を取り、人気俳優の仲間入りを果たしました。

それから5年後のことです。当時、僕が所属していた事務所に関西テレビ系で放映していた児童向けのテレビドラマ『それいけ！　ズッコケ三人組』の出演依頼の話が来ました。「監督は？」と聞くと「大森一樹監督です」と言うので、僕は古尾谷さんのこともあって「その仕事、受けてください」と即答しました。

わずか1シーンの出演でしたが、大森監督が即興の演技を付けてくださったりして、すごく楽しかったんです。そのときは次の撮影に向かわれたので、あいさつもできずじまいでしたが、後年、とあるパーティー会場で偶然お会いしました。

大森監督は僕のことを覚えていて、「今度、映画に出てよ」とまでおっしゃってくださいました。以来、大森監督の短編作品や、監督が映像学科長を務める大阪芸術大学の「産学協同」の映像作品に出演しました。また、大学の卒業制作映画でキャスティングに悩んでいる学生さんに、「妹尾さんに相談してみい」と、僕の名前を出してくださったりしています。

いま思えば、大森監督との縁も、古尾谷さんがつないでくれたのかなあ。ホンマ、人の縁は大事にしたいですね。

（'17・10・15）

「3週連続犯人役」の偉業⁉ 成る

僕が初めて出演したドラマは、当時、関西ローカルで放送していた『連続アクチュアルドラマ・部長刑事』（大阪・朝日放送）。僕が小学生のころに始まった刑事ドラマで、総放送回数はなんと1千629回！ その後、内容を一新した『新・部長刑事 アーバンポリス24』、女性の新米巡査や刑事を主人公にした2本の〝外伝〟と続き、シリーズ総計2千159回という超ロングラン番組となりました。

そんな関西の名物ドラマで、最初に頂いた役は「チンピラD」。親分の取り巻きの一人で、もちろん台詞《せりふ》はありません。ですが、台詞はなくても、どうやって存在感を出そうかと、あれこれ家で考えました。

ふと、「爪楊枝《つまようじ》を使おう」とひらめいて、50本くらい爪楊枝をスタジオへ持ち込み、口に1本くわえてしがみながら、親分役の役者さんの後ろで睨《にら》みを効かせていました。

これが、そのときの演出を担当した辰野《たつの》さんというディレクターの目に留まり、すぐに出演依頼が舞い込みました。次に頂いたのが殺し屋役。革ジャンを着て、組事務所に飛び込み、拳銃で撃って逃げる。台詞はないものの、芝居のしどころがありました。これもまた、辰野さんから「いい芝居をしてくれる」と喜ばれ、次に出演したときは悪役の2番手で、台詞が付くようになりました。

爪楊枝を使った演技から、よくぞここまで駆け上がったなあと我《われ》ながら思いますが、辰野さんの話では「エキストラで来て、あそこまで考えてきてくれる人は、まずいなかった」と。こちらが必死になって考えてきたことを、しっかり受けとめてくださったんですね。

30分ものの刑事ドラマでしたが、スタジオのなかにセットがいくつも組んであって、生放送さながらに役者が次のセットへ移動して撮影するという方法で収録していました。

4人の演出家が週替わりで演出を担当していて、そのなかには劇団の座付作家の郷《ごう》田美雄《だよしお》さん、2年前に演劇プロジェクト「大阪ヒミツ倶楽部《クラブ》」を立ち上げ、一緒にお芝居を作った森山浩一《もりやまこういち》さんという、のちに朝日放送のドラマプロデューサーとして活躍する二人もいました。

あるとき、1週目を担当していた郷田さんから犯人役のオファーを受けて出演しました。すると、次の週の担当だった森山さんから犯人役の依頼が来て、またその次の週に、今度は中西武夫《なかにしたけお》さんという、第1回の放送から携わっているベテランの演出家に「妹尾ちゃん、出てくれる？」と頼まれ、なんと3週連続犯人役で出演という、前代未聞の偉業（!?）を達成しました。

僕もさすがに「出ていいんですか？」と中西さんに尋ねました。すると「いいんだよ、『部長刑事』だから。全国ネットじゃないし」と。そんなオモロい裏話もありました。

（'18・10・21）

思いもよらぬ〝脚本家デビュー〟

ドラマ『部長刑事』で、僕は脚本家デビューも果たしました。『新・部長刑事　アーバンポリス24』で1本だけ書かせてもらいました。

きっかけは、僕の〝脚本の師匠〟である作家の荒馬間《あらばかん》先生の勧めからでした。

荒馬先生は元々、『部長刑事』を放送していた朝日放送の社員で、営業の仕事をしながら『部長刑事』や『必殺』シリーズの脚本を執筆していました。のちに作家へ転身し、時代小説などを発表していましたが、50代半ばで亡くなられました。僕も公私ともに、よく可愛《かわい》がってもらいました。

あるとき、荒馬先生から「和夫ちゃん、ドラマ書きぃ」とテレビドラマの脚本の執筆を勧められました。「書けませんよ」と尻込みしていると、「簡単だよ、舞台の演出できるんだから書けるよ。教えたげるし、アカンかったら直したるがな」と背中を押してくださいました。

そのころ、関西テレビのワイドショー番組『Aタイム』のメーン司会を務めていたことから、ワイドショー番組の司会者が犯人というストーリーを執筆しました。題名は、脚本のなかで犯人の学生時代のエピソードに登場する10円玉をキーワードにした「10円玉の約束」。荒馬先生と一緒に練り上げた、会心のタイトルでした。

こうして書き上げた脚本を、『新・部長刑事』の番組プロデューサーの岡村道範《おかむらみちのり》さんにお預けしたところ、「ぜひ会いたい」と連絡が入りました。

お会いすると、即採用の知らせで、ビックリするやらうれしいやら。しかし、岡村さんから「タイトルを変えていいですか」と、「ワイドショー殺人事件」という、ありきたりな題名を提示されました。「なんで?」と一瞬思ったのですが、続けて岡村さんは「妹尾さんは他局でワイドショー番組の司会をやっているから、ぜひ犯人役をお願いできませんか」。なんと、初めて書いた脚本で、メーンの犯人役のオファーを頂いたのです。

撮影初日、メーク室で待機していると、部長刑事役の篠田三郎《しのださぶろう》さんが来られました。篠田さんは「この脚本、妹尾さんがお書きになったんですね。作家として何か注文はありませんか?」と。初対面とはいえ、脚本家として敬意をもって接してくださった篠田さんの心づかいに感激しました。テレビドラマの脚本は、この1本きりですが、そのおかげで思いもよらぬ貴重な体験をさせてもらいました。

荒馬先生は、脚本塾を開いて優秀な人材を育ててこられ、多くのお弟子さんがプロの脚本家や放送作家、小説家として活躍しています。僕も、荒馬先生がポンと背中を押してくださったからこそ、自分の新たな可能性を見いだすことができました。

振り返ると、これまでの人生で、僕の背中を押してくださる人が必ずいらしたなあと、いまにして思います。ホンマ、人との出会いって大事ですね。


('18・11・25)

「妹尾ちゃん」と呼ばれて

突然ですが、僕の好きな映画を紹介します。まず、僕の映画ベスト3はこちらです。

第1位『ローマの休日』

第2位『E.T.』

第3位『ライフ・イズ・ビューティフル』

特に、『ライフ・イズ・ビューティフル』はオススメ。タイトルを聞いただけでも、うるうると涙腺《るいせん》が緩みます。

あとは順不同ですが、『チャンプ』『キリング・フィールド』『昼下《さが》りの情事』『ゴッドファーザー』『喜びも悲しみも幾歳月《いくとしつき》』『蒲田《かまた》行進曲』と続きます。

なかでも『蒲田行進曲』は、つかこうへいさんの舞台作品を初演で観《み》ましたし、当時の仕事場である東映京都撮影所で毎日撮影していたので、懐かしさを覚えます。

この作品で主演に抜擢《ばってき》され、一躍有名になった風間杜夫《かざまもりお》さんや平田満《ひらたみつる》さんは、当時まだ無名に近い状態でした。僕は、東京にいるころから、つかさんの舞台で拝見して知っていたのですが、撮影所のスタッフは「アイツら誰やねん」という感じだったんです。

僕らの仕事は、世間の皆さんに顔と名前を覚えてもらってナンボの世界です。「この俳優さん、ええ顔してるし、演技も達者やわ」と褒《ほ》めてもらっても、「ところで、何て名前?」では、まだまだなんです。

それ以前に、監督や現場のスタッフに覚えてもらわないと、いい仕事に巡り合えません。駆け出しのころは、監督と話をする機会などまずないですし、現場のスタッフは「おい、君」「兄《にい》ちゃん」と誰も名前を呼んではくれません。僕も最初のころは、そんな感じでした。

あるとき、テレビの2時間ワイドドラマで映画監督の中島貞夫《なかじまさだお》さんと仕事をしたときのことです。中島監督は、深作欣二《ふかさくきんじ》、工藤栄一《くどうえいいち》の両監督と並ぶ東映のエース監督で、今年も新作を発表した大ベテラン。いまは、ラジオ番組やイベントなどで顔を合わせたりしますが、このときが初対面でした。

ドラマのタイトルは『映画村殺人事件』。僕は若手の刑事役で、映画村を舞台に、上司役の俳優さんと一緒に捜査をします。

僕のファースト・シーンの撮影で、「じゃ、テストいってみようか」と帽子を被り直した中島監督が、穏やかな声で「じゃ、妹尾ちゃん、ここから来ようか」と指導してくださいました。

一瞬、耳を疑いました。大きな役どころではないのに、中島監督が「妹尾ちゃん」と僕の名前を呼んでくださったんです。あまりのうれしさに涙が止まりませんでした。まあ、周りのスタッフにバレないよう、目にゴミが入ったフリをしてごまかしました。

僕の〝演劇の師匠〟である亡き蜷川幸雄さんも、稽古《けいこ》中に名前を呼べていない出演者がいたら、わざわざ稽古場へ戻って、その役者に声をかけていたと聞きます。役者にとって、その心づかいが一条の光として励みになるのです。

僕も、学生演劇から数えて50年近い活動歴を通して、関西方面でようやく皆さんに顔と名前を知っていただくようになりました。演劇人として、より高みを目指して頑張っていきたいと思いますので、皆さん、これからもよろしくお願いいたします。

（’19・10・6）

Ⅲ 演劇の世界

〝人生の師〟——蜷川幸雄さん

僕が演劇の世界で食べていこうと決心したのは、蜷川幸雄《にながわゆきお》さんの舞台作品との出合いからでした。大学1年生の秋、蜷川さん演出の舞台を観《み》て、体中に電気がビビッと走りました。

僕の場合、天理高校の寮祭の演劇大会に出場したときの苦い経験がきっかけで、大学の演劇部に入りました。そのころは、教師になって天理へ帰るつもりでした。プロの役者になろうなんて思ってもみませんでしたが、蜷川さんの作品に〝ひと目惚《ぼ》れ〟してしまったんです。

プロとして仕事をするようになってからも、蜷川さんの舞台はしょっちゅう観に行

蜷川幸雄

きました。演出面ですごく学ばせてもらいましたし、うちの劇団の舞台でも〝蜷川マジック〟をアレンジして取り入れたりもしました。

ただ、僕は蜷川さんのことをよく知っていても、向こうは僕のことなど知らない。まるで片思いのような状態だったのですが、あるときついに〝告白〟するチャンスが巡ってきたんです。

蜷川さんが監督された映画の宣伝で大阪へ来られたとき、ラジオ番組でインタビューをすることになりました。憧《あこが》れの人ですから、会う前に家へ帰り、お風呂に入って身を清めました。そして、念願のご対面となったのですが、「実は蜷川さんの大ファンで……」と、気がつけば僕一人で30分くらいしゃべりまくっていました。

蜷川さんは、最初は戸惑っておられましたが、「本当によく観てくれていますね」と笑顔で聞いてくださいました。そのうちに、今度は蜷川さんのほうも「あのときの芝居はね……」と、映画の宣伝はそっちのけで思い出話などを披露してくださいました。

それからは、蜷川さんの舞台が大阪であると「妹尾さん、リハーサルに来てください」と声をかけてくださったり、東京でお会いすると「お互い協力し合おうね、何かできることがあれば僕に言ってね」と言ってくださったりする間柄になったんです。

数年前の話になりますけど、関西エリアで放送中の『せのぶら！』というテレビ番組で、僕の還暦記念の特番を収録したときのことです。最後のコメントを撮るというので、テレビ局の会議室で待っていました。しばらくして、番組のスタッフが「この映像見てください」と。モニター画面を見ると……。

「妹尾さん、還暦なんだって？　おめでとう」

蜷川さんですわ。僕にナイショで、スタッフがわざわざお祝いのコメントを撮りに行ってくれたんです。プレゼントまで頂いて、もう涙しちゃいました。

蜷川さんは、自身のキャリアや名誉を捨ててまで、「次は何ができるだろう」と常にチャレンジされています。いまの僕の年齢のときには、通訳一人を連れて単身ロンドンへ渡り、舞台演出を手がけておられたのですから。

77歳になったいまも、蜷川さんは演劇界の第一線で活躍されています。だから僕も、蜷川さんの舞台を観ると「頑張ろう」という気持ちになるんです。

（'13・7・7）

パロディフライ、飛んだ。

劇団「パロディフライ」のフライ（Fly）には、「飛ぶ」と「ハエ」の二つの意味があります。ハエって、なんかしぶといっていうイメージがあるでしょ。だから、芸能界で大きく羽ばたいて、しぶとく生き残ってやろう、という思いで名づけたんです。

そうそう、この劇団名で、僕と一緒に〝飛んで〟くれた男がいました。神谷光明《かみやみつあき》。大学時代の演劇部の1年後輩で、すごく才能のあるヤツでした。なにしろ〝演劇界の東大〟といわれる文学座の研究生だったんですから。

ビックリしたのが、試験でクラシックバレエの課題があったんですけど、神谷は全く習ったことがない。どうしたかというと、なんとその場でブルース・リーの物真《ま》似《ね》！「アチョー」とやったら通った。いま考えたらムチャクチャですわ。

でも、神谷は最終的には文学座の劇団員になれませんでした。劇団昴《すばる》の団員、俳優の田崎潤《たざきじゅん》さんの付き人を経て、僕が所属していた事務所に入りました。

ドラマの仕事はそれなりに来るんですけど、二人とも「このままではアカン」という気持ちを募らせていました。そんなとき、マネージャーが当時、爆発的に流行《はや》っていたラジオコントユニット「スネークマンショー」のカセットテープを聴かせてくれたんです。

「これなら僕らにもできる」と大学時代の後輩に声をかけて、演劇ユニットを立ち上げました。そのとき付けた名前が「パロディフライ」。大阪の劇場で旗揚げ公演をしました。これが評判が良くて、3カ月連続で公演を行いました。

そこで、次は東京を目指し、僕と神谷、そしてペコという女の子を加え、3人組のコント劇団として上京しました。当時の人気番組『お笑いスター誕生!!』に出場し、審査員からは「うますぎて笑えない」と言われながらも、5週勝ち抜いて銀賞を頂きました。

その後、石井光三《いしいみつぞう》オフィスでお世話になりました。業界屈指の名物社長で知られた石井さん。所属タレントだった「コント赤信号」の小宮孝泰《こみやたかやす》さんのドラマの仕事で、本人の予定が合わなかったために、急遽《きゅうきょ》、神谷をプロデューサーの所へ連れていって「コミヤもカミヤも一緒や、使《つこ》うてください」と売り込んでくださったこともありました。

ところで「さあ、これからや」というときに、神谷は役者を辞めちゃいます。ペコと結婚することになり、ペコの親御さんから「足を洗ってほしい」と言われたんです。ただ、そのまま辞めていくには惜しい逸材。いまの劇団として再出発してからは、本公演の本番前に、東京から呼んで仕上げを手伝ってもらいました。

そんな関係がいつまでも続くと思っていました。でも、ある日、いつものようにアイツはうちの家に泊まって、朝、歯を磨いて鼻をかんだら変な血の塊《かたまり》が出てきたと言うんです。「上咽頭《じょういんとう》がん」で、それから数年後に51歳でこの世を去りました。

アイツがおらんようになって、もう10年になります。アイツの支えがあったから、今日の日まで来ることができました。

神谷、おまえのおかげでパロディフライは、いまも若い子らと一緒にしぶとく飛ばせてもらってるで。ありがとう、また頼むわ。

（'14・6・1）

ウイ・アー・ザ・リーダー

３人組のコントグループ「パロディフライ」として東京で活動していたころ、当時の所属事務所の先輩だった「コント赤信号」の渡辺正行《わたなべまさゆき》さんに、いろいろと教えてもらいました。渡辺さんは、年は僕よりも五つほど下ですが、お笑いの世界では「師」と仰ぐ人なんです。

当時は一緒に営業へ行くことが多く、ある営業先では舞台袖《そで》がない野外ステージでコントをすることになりました。どこで待機しようかと渡辺さんに相談すると、「そうだよな、客に見えるもんな」と僕の話を受けとめてから、「見えていてもいいから、しゃがんで待っていたら。それで司会者が紹介したとき、立ち上がってネタを始めれ

渡辺正行

ばいいじゃん」と即座にアドバイスを下さいました。

また、あるときは、自ら手本を示してくれたこともありました。

あれは、日劇ミュージックホールの舞台に出演したときのこと。1日5ステージのうちの1ステージで、客席からの笑いが全くなかったんです。見ると客席は外国人でいっぱい。はとバスの観光ツアーで来た外国人観光客の団体でした。

次の日。コント赤信号の出演日だったので、またも渡辺さんに相談しました。すると「おまえ大学出てるんだから、英語はできるだろ？」と。

「中学で習った英語くらいなら」

「それで十分。今日も来るかもしれないから、見てろよ」って言われるんです。

どの芸人さんもそうですが、舞台袖から客席を眺め、客層に合わせて舞台にかけるネタを決めます。渡辺さんたち赤信号のメンバーも、外国人観光客の団体だと分かると、舞台に飛び出たメンバーが第一声。

「ジス・イズ・ア・コント」

その途端、客席がドッカーンと沸きました。その後も片言の英語でコントをするんですが、まあ、お客さんにウケること。渡辺さんも、赤信号定番の暴走族コントの扮《ふん》装《そう》で「アイ・アム・ア・リーダー」とやるとまた沸いて、舞台袖で見ていた僕にとって、ただただ衝撃のひと言でした。

次の日から、僕らも外国人観光客の際には全編英語でコントをしました。最初はドキドキしましたが、渡辺さんに倣《なら》って「アイ・アム・ア・ボーイ」と言うと、しっかりウケました。

いま思えば、僕らがしゃべっていた〝日本的な英語〟が英語圏の人たちにとって面白かったのかもしれませんが、それにしても渡辺さんのアドバイスには、人をその気にさせる温かさがありました。渡辺さん自身も、懐《ふところ》が深く、優しさにあふれていて、僕らにとってまさしく〝リーダー〟だったのです。

大阪へ戻ってからも、渡辺さんが若手お笑い芸人の登竜門として主催している東京・渋谷La.mama《ラ・ママ》の「新人コント大会」に、お笑い志望の子を〝武者修行〟に連れていったりしていました。そのとき、渡辺さんから「大阪で若手を育てろよ」と声をかけていただきました。
僕もリーダーの思いに応えられるよう、関西の地で役者やスタッフを育てたいと思います。

（'17・4・16）

しんどいけど楽しい芝居作り

劇団パロディフライの本公演の稽古《けいこ》が今年も始まりました。25回目となる今回のタイトルは、『姉《ねえ》さん、男前！』です。

……えっ、なんて？　姉さんやのに〝男前〟って、いったいどんな話？　皆さん、気になるでしょ？　実は僕も、脚本担当の郷田美雄さんから頂いた20個のタイトル案のなかで、気になったのがこれでした。インパクトがあって面白い。劇団の演出補でもある女優の安井牧子さんも、同じタイトルを選んでいました。

でも、この時点では、作品のテーマや内容は郷田さんの頭のなか。それから数カ月後に脚本が上がり、僕と安井さん、そして郷田さんの３人で、脚本を叩《たた》き上げる作業作品の精度を上げようと、時には掛かりました。喫茶店で何時間も話し合うのですが、作品の精度を上げようと、時にはお互い熱くなってしまうこともあります。しんどい作業ですけど、脚本は芝居を作るうえで大切な〝設計図〟ですので、ここでしっかりと話し合いで固めて、決定稿を仕上げてもらいます。

ところで郷田さんは、本業は朝日放送のドラマプロデューサーなんです。テレビドラマの仕事を通じての長い付き合いで、本人は若いころにシナリオの公募で受賞したことがあり、一度は作家の道を志そうと思った、とも話していました。

その話が頭の片隅にあって、2年前に上演した『おかみさん～文《ふみ》の清七そば～』の脚本執筆を依頼しました。「僕でいいんですか⁉」と恐縮しながらも、二つ返事で引き受けてくれました。そして、昨年の『桐子《きりこ》さんですね。はい』も引き続き書いてもらったのですが、郷田さんの作品のおかげで劇団としてのレベルが上がりました。

演出面でも、郷田さんのアイデアから新たな〝名物コーナー〟が誕生しました。その名も「脳内劇場」。これは、主人公の頭のなかを覗《のぞ》くという設定で、舞台の上方から「脳内劇場」と書いた看板が下りてきて、主人公の生い立ちや物語の鍵となる出来事をショートコント仕立てで再現します。テレビや映画での「回想シーン」ですが、僕が「昔の話を台詞《せりふ》で何回も説明してたら、お客さんが退屈しますよ」と指摘したとき、郷田さんがいろんなアイデアを繰り出すなかから生まれました。演じるほうは大変なんですが、お客さんには好評で、もちろん今回の作品にも登場します。

初めて郷田作品を手掛けた2年前と比べると、いまはお互いに遠慮なく意見を交わせるまでになりました。郷田さんも、劇団の特色や劇団員の特徴を脚本のなかにうまく取り入れるなど、しっかりと馴染《なじ》んでいます。何より「自分の夢が叶《かな》った」と喜んでくださって、僕も声をかけたかいがありました。

演劇は総合芸術といわれますが、どんなに脚本が良くても、一流のスタッフ・キャストをそろえても、必ずしもいい作品が出来るとは限りません。一つの芝居を作る過程で、いかに人としての信頼関係を築くことができるか、これが一番大切なことじゃないかと思います。

（'15・10・11）

座長は一日にして成らず

『姉さん、男前！』の劇中で、僕は中学生を演じます。皆さん、還暦をとうに過ぎた僕が中学生ですよ。ホンマ、舞台って恐ろしいでしょ。でも、赤ちゃんからお年寄り、果ては歴史上の人物や宇宙人にもなれるんですから面白いものです。

劇団も、いまは劇団員をはじめ周囲の方々の支えもあって軌道に乗っておりますが、旗揚げ公演のころは大変でした。20年以上も前のことになりますが、いままでの人生で一番ストレスを抱え込んだ時期でもありました。

劇団を立ち上げたそもそもの発端は、当時の所属事務所から「うちで劇団やってくれへんか？」と頼まれたことにあります。所属タレントの芸域を広げたいという事務所側の思惑があったんでしょう。

事務所の所属タレントを中心に40人ほど集めてスタートしたのですが、芝居の経験者は僕だけ。お客さんに見せられるレベルにまで仕上げなきゃいけないので、半年かけて、まさしく〝スパルタ方式〟で鍛え上げました。

おまけに制作スタッフなどおらず、照明プランの設計や劇中に流す音楽の選曲、チラシやパンフ作り、チケット販売の営業活動など、裏方の仕事も僕一人で、ほぼこなしていました。

もともと全員が全員、本気で役者を志していたわけではなかったんです。なかには、僕に対する愚痴《ぐち》を仕事先でこぼしている子もいました。それがまた噂《うわさ》となって僕の耳にも入ってくるんですね。まあ、そういうのも背負わなアカンかったんです。

ある日、行きつけの理髪店へ行ったら、円形脱毛症が見つかりました。500円玉くらいの大きいやつが二つ、しかも左右対称に。生まれて初めてのことで、「こんなことって、あるんや」と我《われ》ながら感心しました。

まあ、そんなこんなで、なんとか旗揚げ公演を終え、以降は定期的に公演を打つことになりました。当初は、ＳＦタッチのものやコントっぽい作品を上演してきましたが、「このままでは劇団として成長できない」と思い、第７回本公演『愛』でハートフルな大人のドラマに挑戦しました。この作品と、次作の『花の咲く丘』で、劇団としての方向性が定まったのです。

旗揚げ公演から15年くらい経《た》ったころ、ようやく劇団として世間的に信頼されるようになりました。地道にコツコツと実績を積み上げてきたことで、周りの方々も認めてくださるようになったのかもしれません。

うれしいことも、しんどいことも全部呑《の》み込んで、一歩前へ進む。あのころ、みんなをビシビシ鍛えていたつもりが、実は僕自身が、みんなに鍛えてもらっていました。そのおかげで、人としての器が広がり、いまも座長として元気に務めさせてもらえるんやと思います。

（'15・12・13）

演劇プロジェクトに秘めた思い

この春、新たな演劇プロジェクトを立ち上げました。プロジェクトの名前は「大阪ヒミツ倶楽部《クラブ》」。関西で活躍している若手やベテランの役者さんと一緒に、僕も舞台に立ちます。第1回公演『愛《いと》しの貧乏神』は、5月の梅田芸術劇場シアター・ドラマシティでの本番に向けて、今から本格的な稽古《けいこ》に入ります。

ところで、「大阪ヒミツ倶楽部」って、なんや怪しげというか、いかがわしい名前でしょ？　このケッタイな名前の名づけ親が、今回の脚本と演出を担当する森山浩一さん。大阪・朝日放送の、ドラマ制作のエグゼクティブ・プロデューサーで、かれこれ30年以上の付き合いになります。

しかし、なぜ彼が、いまさら舞台をやろうと思ったのか。大学で演劇をしていたこともあるんですが、うちの劇団パロディフライの本公演の脚本を担当している、同じく朝日放送ドラマプロデューサーの郷田美雄さんに刺激を受けたようなんです。二人は同期入社で仲が良く、ドラマの制作現場で切磋琢磨《せっさたくま》しているんです。

あれは、一昨年の本公演が終わってしばらく経《た》ったころ、ラジオの生放送の後、森山さんが僕のところへ会いに来てくれました。それで、「妹尾さん、ホンを書いたんやけど読んでくれへん？」と脚本を手渡されたんです。見たら250ページの分厚い本でした。

家へ持ち帰って、早速ページをめくりました。出だしは、語尾が「～だピョン」という台詞《せりふ》が続いて、そのうちに昭和の懐かしいギャグがポンポン飛び出す。「どないなるんやろう」と、やや不安になりながら読み進めるうちに、作品の世界にどんどん引き込まれ、読み終わったのが8時間後。物語で伝えたいテーマも素晴らしく、「これはスゴイ」と体が震えました。

次の日、森山さんに会いました。「面白かったよ」と率直に言うと、「ホンマですか！」と喜んでくれました。森山さんは、うちの劇団の本公演で、と思っていたようですが、僕は実力のある役者をそろえたほうが面白い作品になると話しました。

そこで、「共同出資をして、演劇カンパニーを作らへん？」と切り出すと、森山さんは「嫁と相談しますわ」と。何事も夫婦で相談するのは大事ですね。奥さんも「もう定年やし、好きなことをやったらええよ」と了承してくれました（森山さんの奥さん、ホンマおおきに！）。

森山さんは、ドラマの仕事を通じて得た人脈を頼りに、総勢57人の役者とダンサーを集めました。僕は、出演者兼制作ということで裏方の仕事もすることになりました。

森山さんも僕も、この公演に向けて共通の思いがあります。それは「次の世代に残せるものを作りたい」ということ。森山さんとしては、関西でドラマ作りのできる人材を育てたいという気持ちが強いんですね。

実は、森山さんは10年ほど前に、関西にゆかりのある演劇人を集めて舞台をやろうと計画していたようです。結局、その話は立ち消えになったんですが、そのとき命名しようとした名前が、この「大阪ヒミツ倶楽部」だったんです。

名前からしてケッタイで、いかがわしくても、内に秘めたる思いはメッチャ熱いんです。僕も、この関西で育ててもらった恩返しのつもりで頑張ります。とにかく、ストレスで円形脱毛症にならないことを念じつつ。

（'16・4・10）

さよなら、演劇の〝心の師匠〟

その覚悟は、昨年の夏にお会いしたときに、なんとなくできていましたが、やっぱり、さよならするのはホンマにつらいものです。皆さんもすでにご存じでしょうが、僕の演劇の〝心の師匠〟である舞台演出家の蜷川幸雄さんが、5月12日に80歳でこの世を去りました。

大の蜷川ファンを公言してきたので、ラジオ番組のリスナーの皆さんから、たくさんのお便りを頂きました。

また、僕がお通夜か告別式に参列すると思っていた人もいましたが、その時期は大阪ヒミツ倶楽部の舞台『愛《いと》しの貧乏神』の稽古《けいこ》中だったので、供花のみ贈らせていただきました。きっと蜷川さんなら、「妹尾さん、もうすぐ本番なんだろ？　僕の葬式なんて来なくていいから稽古しなよ」とおっしゃったことでしょう。

ラジオ番組で蜷川さんとの思い出について、あれこれ話していたのですが、涙がグッと込み上げてきて、声が詰まってしまいました。ラジオですので、うちの劇団パロディフライの女優で番組アシスタントの安井牧子さんが「なに泣いてるんですか」と、すかさずフォローしてくれました。

蜷川さんが亡くなられてから、稽古場で大きなカミナリを落としました。稽古が大詰めを迎え、どうしても喝を入れなければならない状況になったんです。そんなことはしたくなかったのですが、このままでは公演自体が駄目になると思い、叱《しか》り飛ばしました。そのとき、蜷川さんのことを強く感じました。おかげで、みんなの気持ちがビシッと引き締まり、無事に本番を終えることができました。

46年前の秋、東京・新宿の映画館で観《み》た劇団「現代人劇場」の芝居に衝撃を受けた18歳の僕の心に、「ニナガワ」の文字が焼きつけられました。そして、いまも蜷川さんと同じ演劇の世界で生きることになろうとは、思ってもみませんでした。

以前、ドラマでご一緒した舞踏家で俳優の麿赤兒《まろあかじ》さんが、僕にこんな話をしてくれました。

確か撮影の合間に蜷川さんの話題になったときに、麿さんがポツリと「蜷川さん、四面楚歌《しめんそか》だったもんなあ」と。蜷川さんが商業演劇の世界へ転向したころ、かつての芝居仲間や熱烈なファンから「蜷川は魂を売った」「裏切り者だ」とさんざん言われ、まさに四面楚歌の状態だったんです。

そうした時期の蜷川さんを知っている麿さんは、「普通の人間ならあそこで潰《つぶ》れるけど、それでも負けないで頑張ったからこそ、いまの蜷川さんがあるんだもんなあ」と感慨深げに話しておられました。

この6月、劇団の事務所と稽古場を移転しました。新しい稽古場の入り口に、以前、僕の還暦祝いに蜷川さんから頂いた色紙を飾りました。そこには、こんな言葉がしためられています。

「自分の道を歩め　そして他人には好きなように言わせておけ」

ある古典的名著の序文にある一文を、蜷川さんなりに言い換えたものですが、もがき苦しみながらも、必死に演劇の道を歩んだ蜷川さんの熱い思いが、ひしひしと伝わってきます。

蜷川さん、僕の体のなかにある貴方《あなた》が点《とも》してくれた芝居の火は、いまの年になっても消えるどころか激しく燃え盛っております。貴方の生きざまを手本に、生涯現役で駆け抜けてまいりますので、どうか見守っていてください。

（'16・6・19）

芸能生活40周年の秋に思う

おかげさまで、今月17日に66歳の誕生日を迎えました。いま、劇団パロディフライの第27回本公演『コペルニクスさん家《ち》はおとなりです。』の稽古《けいこ》の真っ最中です。年齢を重ねても元気な体で若い子らと一緒に芝居作りができるのは、ホンマにありがたいことです。

今年の本公演で、うれしいことがあります。今年入団した吉井《よしい》雅智《まさのり》君という新人団員がいます。彼は、僕と同じく天理中学校、天理高校の出身で、いまから10年前、大阪・フェスティバルホールで行った僕の芸能生活30周年記念のイベントに、天理中学校吹奏楽部の一部員としてゲスト出演していたんです。不思議な巡り合わせといいま

宮川大助・花子

すか、40周年の節目に同じ学校の後輩（かなり年下ですが）と舞台に立てるなんて幸せです。

うれしいことといえば、もう一つ。今年の秋の褒章《ほうしょう》で、漫才師の宮川大助・花子のお二人が紫綬褒章を受章したというニュースが報じられました。花子さんとは、テレビ番組でよくご一緒していましたので、このたびの受章をわが事のように喜んでおります。特に今年は、夫の大助さんが病気で何かと大変だっただけに、喜びもひとしおだと思います。

そんななかで思い出しましたが、いまから20年近く前に、花子さんから「うちの大ちゃん（大助さん）が、妹尾さんとお話ししたいって」と言われたことがありました。当時、僕は大助さんとお話をしたことがなかったんです。そらね、テレビ番組で大助さんがゲストに来ても、花子さんがしゃべって終わりでしたから。

「妹尾さん、大学の哲学科を出てるんやろ？　大ちゃんが難しい話をしたいって言うてるけど、イヤ？」

「いえ、いいですよ」ということで、ほぼ初対面となる大助さんと会うことになりました。

夏の暑い盛りでした。ラジオの仕事を終えて放送局を出ると、大助さん自ら車で迎えに来てくださいました。「どうぞ」と促されるまま車に乗り、当時のご自宅へお邪魔しました。入ると、花子さんの姿がない。その日、テレビの仕事が入って東京へ行ったということでした。

家には稽古場があって、そこでアイスキャンデーを食べながら、4、5時間ほど話をしました。大助さんは知性にあふれた方で、あのときは宇宙の話などをしていました。そのうちに、演劇について熱心に聞いてこられました。大助さんは、のちに「大花劇団（大助・花子劇団）」を旗揚げしましたが、僕に演劇の話を聞きたかったのが本当のところのようです。

お二人は本業の漫才の傍《かたわ》ら、「宮川大助・花子ファミリー劇場」と銘打ってオリジナル作品を上演するなど、演劇活動にも精力的に取り組んでいます。そのきっかけ作りに、ささやかながらお手伝いができたのは何よりです。

それにしても、山あり谷ありの人生でも、夫婦《めおと》漫才の代表格として第一線を共に走っているお二人の朗報に、夫婦は仲が良いのが一番と、あらためて思いました。皆さんも、奥さん、ご主人をいたわり、互いに尊敬し合いながら末永くお過ごしください。

（'17・11・19）

ワガママな妹分「エミちゃん」

今回は、関西を中心に女優・タレントとして活躍した牧野《まきの》エミさんについて話したいと思います。彼女が急逝《きゅうせい》して、今年11月で丸6年になります。

昨年の劇団パロディフライ本公演のパンフレット企画で、芝居仲間の一人である俳優の升毅《ますたけし》さんと対談したのですが、演劇ユニット「売名行為」と劇団「ＭＯＴＨＥＲ」で升君と共に活動してきたエミちゃんの話題で盛り上がりました。

エミちゃんとの出会いは、僕の所属事務所（当時）が立ち上げた養成所に、生徒として入ってきたのが最初でした。裕福な家庭のお嬢さんで、お姉さんはダンスの先生とあって、本人もダンスは達者。事務所のタレントとして一緒に仕事もしていました

牧野エミ

が、特別親しいわけではありませんでした。

ある日の夜、エミちゃんが僕に電話をかけてきました。いつになく暗い声で、「マネージャーが取ってきた仕事をやりたくない」と言うんです。内容を聞いてみると「なるほど」と思ったので、僕は「イヤやと思ったら断ったら」と答えました。この一件からエミちゃんと親しくなり、いろいろな相談にも乗りました。

またエミちゃんは、テレビやラジオの仕事と併せて、「売名行為」や「MOTHER」の舞台では、看板女優として活躍していました。お酒の席などで、「エミちゃんがワガママを言って困ったことになった」と、升君が僕を電話で呼び出し、僕がエミちゃんに説教したこともよくありました。

公演の打ち上げで、エミちゃんが「役者なんかやりたくない、タレントやりたいねん」と言い出したことがありました。僕は「看板女優がそんなこと言うたら、後輩がどう思う？　せめて自分の劇団では役者として努力しろ」と説教を始めました。

気がつけば、若い劇団員は全員正座。演出家のG2《ジーツー》さんは、「こんなん好きやわ」

と僕の隣で様子を見てるんです。座長の升君はというと、「じゃ、お先に」と帰っていく。エミちゃんと長い付き合いがあるからこそ、こんなこともできたのでしょう。

一方で、行く先々で「牧野エミさんに怒られた」という話もよく聞きました。舞台でエミちゃんと共演した女優さんの話では、「あいさつや礼儀に厳しかった」と。それでも、怒られたことを悪く思われないのは、エミちゃんの人柄なのでしょう。

エミちゃんが乳がんになってから、うちの劇団の番外公演に2回ゲスト出演してもらいました。体のことなどで大変そうでしたが、同じ舞台に立つのは久しぶりで、エミちゃんと二人でダンスを踊ったりもしました。

亡くなる前年に、エミちゃんはラジオのレギュラー番組でがんの再発を公表し、それから1年半足らずで53歳の人生に幕を下ろしました。ワガママなところもあったけれど、どこか憎めないエミちゃんは、僕にとって妹みたいな存在でした。

エミちゃんが亡くなった11月17日は、僕の誕生日と同じ日。きっと「忘れんといて」ということなのかもしれませんね。

（'18・6・24）

しゃべり足りない〝演劇の魅力〟

昨年12月に劇団パロディフライの第28回本公演『しゃべり過ぎたシェークスピア』を上演しました。町の商店街の素人劇団に突如現れた、シェークスピアをこよなく愛する〝おしゃべり過ぎる〟演出家が巻き起こすハートウオーミング・コメディー。シェークスピアの名作『ヴェニスの商人』を劇中劇に盛り込むなど、楽しんでいただける内容に仕上がりました。

実は、公演2日目の日曜日にラジオ番組『全力投球!! 妹尾和夫です。サンデー』を、なんと本番前の劇場から2時間の生放送でお送りしました。

舞台袖《そで》に即席のラジオブースを設営しての放送でしたが、音響チェックの音や大道具を修繕する音、ダンスシーンの稽古《けいこ》の音が聞こえるなど、臨場感もたっぷり。本番前の舞台裏の雰囲気をリアルタイムでお伝えできて何よりでした。

思えば、僕が演劇の世界に入って、はや半世紀。いまも年1回のペースで舞台に立っています。僕の演劇生活よりもはるかに若い劇団員と一緒に、時には教え、また教《おそ》わりながら芝居作りに取り組んでいます。

僕らの若いころはよく、「舞台役者は、変なクセが付いているから使えない」とテレビドラマの関係者から言われたものですが、最近は舞台出身の役者さんの活躍が際立っていますね。

NHKの朝ドラ『花子とアン』や、昨年の新語・流行語大賞のトップテンに入ったテレビドラマ『おっさんずラブ』で人気の俳優・吉田鋼太郎《よしだこうたろう》さんは、10年以上も前から、僕の〝演劇の師匠〟である蜷川幸雄さん演出の舞台でよく拝見していました。

あるとき、蜷川さんに「吉田さんって、いいですよね」と水を向けると、蜷川さんは「そうでしょ、妹尾さん。だけど世間では、そういうのが分かんないヤツが多いんだよねえ」と嘆いておられました。それだけに現在の活躍ぶりを、心底うれしく思っております。

また、芝居仲間の升毅さんや國村隼《くにむらじゅん》さんをはじめ、生瀬勝久《なませかつひさ》さん、佐々木蔵之介さん、キムラ緑子《みどりこ》さんら関西の劇団出身者の活躍からも、いい刺激を受けています。

以前、女優の羽野晶紀《はのあき》さんからこんな話を聞きました。彼女は、人気劇団の一つ「劇団☆新感線」に所属していますが、ほかの仕事や子育てなどで舞台から遠ざかっていた時期に退団を考えたことがありました。そのとき、同じ劇団員の古田新太《ふるたあらた》さんから、「遠慮せんと名前を置いといたらええやん」と言われて、思いとどまったそうです。関西を拠点に活動していたころからの劇団メンバーだからこそ言えるひと言なんだなと、羽野さんの話を聞いて感じました。

新たな1年が始まりました。年末の第29回本公演に向けて、今年も元気いっぱいに日々を過ごしたいと思います。

（'19・1・20）

マネージャーの心得を学ぶ

芸能界ではお笑い芸人による、いわゆる「闇営業問題」が連日報道されています。事務所を通さずに行った営業先が、詐欺グループや暴力団など、反社会的勢力のパーティーだったことが大問題となりました。

この件に関して、いろいろ意見はあるでしょうが、僕らにとっては他人事《ひとごと》ではありません。たとえ事務所で受けた仕事であっても、劇団員や僕自身が知らないうちに巻き込まれる可能性があります。細心の注意を払って、こうしたことから身を守らなくてはいけません。

このエッセーでも少しお話ししましたが、僕も表舞台から身を退《ひ》こうとした時期がありました。

もう30年以上も前の話です。関西を代表する人気テレビ番組『探偵！ ナイトスクープ』（ＡＢＣテレビ）の放送がちょうど始まったころで、弟子である亡き田中美羽《たなかみは》のレギュラー出演が決まり、僕は彼女のマネージャーとして同行することになりました。

番組内で「秘書」と呼ばれるアシスタントとして、当時、女優の松原千明《まつばらちあき》さんが出演していました。松原さんは京都出身で、お父様は時代劇の名悪役として活躍された原健策《はらけんさく》さん。僕らの大先輩に当たります。

松原さんは、収録日は東京から出てきて、京都の実家に泊まっていました。松原さんの担当マネージャーは東京へ戻りますので、僕は松原さんの〝大阪のマネージャー〟を買って出て、帰りのタクシーを手配したりしました。のちに、友人の古尾谷雅人さんを通じて僕の〝正体〟を知った松原さんは、「ごめんなさいね」と恐縮しておられました。

そのとき一度だけでしたが、松原さんのマネージャーを大阪の実家に招き、お酒を酌《く》み交わしながら、マネージャーの心得を教《おそ》わったことがありました。黒川《くろかわ》さんという方で、松原さんのほかにも複数の有名男優を担当していました。

その席で、黒川さんは「担当している男優と女優が同じ時間帯に仕事が重なったら、どちらに付くか」と尋ねられました。答えは「女優が優先」。いわゆる〝悪い虫〟が寄ってくることがあり、トラブルにもなりかねない。そこをマネージャーが、ガードを固めて女優を守らなきゃいけないとのことでした。

僕は続けて、「もし男優のほうが売れっ子だった場合は？」と尋ねました。当然、稼ぎ頭のほうが大事かと思いきや、そこも〝女優ファースト〟と。男優さんは現場のことを熟知しているので、アルバイトの付き人を雇えばいいというのです。ほかにも現場での立ち働き方やギャラの交渉術など、事細かに教えてもらいました。

あのころは、本当にマネージャーになるつもりでしたが、劇団の座長として、また所属事務所の社長として、黒川さんから教わったことが十分に役立っています。

誰かを守るための心得を学ぶことは、ひいては自分の身を守る術《すべ》にもつながります。今回の問題を真摯《しんし》に受けとめ、見ること聴くこと、すべてわが身にも起こり得ることと心に置いて、気を引き締めたいと思います。

（'19・7・14）

いつもと違う令和の秋

今年は元号が平成から令和へ変わりましたが、まさか僕自身、心機一転のスタートを切るとは思ってもみませんでした。

実は10月1日に、26年続けてきた「劇団パロディフライ」の解散を発表しました。今後は、プロデュース公演「せのシアター」として始動していくことになります。

昨年の本公演を終えた時点で、今後の行く末について考えていました。これは劇団に限らないことですが、活動を長く続けると知らずしらずのうちに、組織の〝金属疲労〟が起きてしまいます。

また当初は、「プロとして食べていきたい」という気持ちでこの世界に飛び込んできた若い劇団員も、年数を重ねるうちに気持ちが錆《さび》ついてしまいます。

そこで、いったん劇団という枠を取り払って、新たに仕切り直してみようとの思いに至ったのです。

劇団は解散しましたが、「パロディフライ」としては変わらず活動を続けております。劇団員も「メンバー」という呼び方に改め、共に舞台作りに励んでいます。

話は変わりますが、今年のラグビーW杯日本大会は、想像以上に盛り上がりましたね。ラグビーファンの僕も、今回の大会はテレビで欠かさず観戦しました。また、ラジオのレギュラー番組では、アシスタントの女性アナウンサーに「ルールを知らなくても、屈強な男たちの激しいぶつかり合いを観《み》るだけで十分」と、ラグビーの楽しみ方を語ったりしました。

そのとき気づいたのですが、今回の大会で心底ラグビーを楽しめたのは、各国の代表チームの華麗なプレーを観られたことはもちろんですが、日本代表選手のレベルが格段に上がったからだと思うんです。

僕らの学生時代、藤本忠正《ふじもとただまさ》さん（現・蒲原《かもはら》姓）という天理高校出身の日本代表選手がいました。藤本さんの妹が同級生で、仲が良かったこともあって、藤本さんの試合を観る機会がよくありました。

あるとき、天理高校のラグビー場で天理高ＯＢと自衛隊チームの試合を観ました。藤本さんはひと際目立っていて、体格のいい相手選手をタックル一発で倒していました。

また、東京の国立競技場での国際試合も観戦しましたが、このときも藤本さんは、外国人選手を相手に、果敢にタックルを仕掛けて動きを封じ込めていました。ですが、その当時は藤本さん一人がずば抜けていて、「もしチーム全体のレベルが上がれば、世界と互角に戦えるのでは」と思ったものでした。

演劇の世界も同じで、一人の役者の基礎能力が高くても、全体的なレベルが上がっていかなければ話になりません。関西は、お笑いの基礎能力はあっても演劇に関してはまだまだなので、レベルアップを図っていきたい――。今回のラグビーＷ杯での日本代表選手の躍進ぶりを観ながら、そんなことを考えておりました。
僕にとって、今年はいつもと違う秋になりましたが、新しいことを始めることができるうれしさに胸を躍らせています。

（'19・11・10）

偶然ではない大女優の出演

いよいよ今週末、「せのシアター」第1回公演『お向かいは秘密基地』の本番です。新生パロディフライのメンバーに加えて、6人のゲスト出演者を迎え、ただいま稽古《けいこ》の真っ最中です。

その一人、主役を務める女優の中野良子《なかのりょうこ》さんの出演は、僕にとって、まさに夢のようであります。

中野さんといえば、映画スター・高倉健さんと共演した『君よ憤怒《ふんど》の河を渉《わた》れ』のヒロイン役が有名です。この映画は、文化大革命後の中国で公開されるや否や爆発的にヒットし、中野さんは健さんと共に中国全土で一躍人気スターになりました。結婚後、京都へ住まいを移されてからも、女優業の傍《かたわ》ら、講演活動や国際交流活動を精力的に行われています。

その中野さんが今回出演することになったのは、僕が昔、所属していた芸能事務所のマネージャーだった高宮真琴《たかみやまこと》さんの電話がきっかけでした。

高宮さんは現在、自分で設立した芸能事務所の社長兼マネージャーで、僕のところへもよく連絡をくれました。ある日、彼女に今回のプロデュース公演の話をすると、「それなら、中野良子を出してよ」と持ちかけてきました。大女優の名前が突然出てきたので驚きましたが、聞けば、知人の紹介で中野さんのマネジメントを担当している、とのこと。「ホンマかな」と思いつつも高宮さんに何度も連絡して確認し、京都のホテルで中野さん本人と直接お会いして話をしました。

そのときに、僕の〝演劇の師匠〟である演出家の亡き蜷川幸雄さんの話題になりました。中野さんは、蜷川さんが初めて商業演劇で演出を手掛けた舞台『ロミオとジュリエット』のジュリエット役に抜擢《ばってき》されて好評を博したのですが、のちに蜷川さんの別の舞台を降板しました。実は、蜷川さんの稽古場での態度とスポンサーの方々の前での態度が違っていたことが許せなかった、というのが本当のところのようで、「いまなら蜷川さんの立場を理解できるけれど、あのころは私も若かったから」と笑っていました。

とにかく中野さんの出演が決まったことで、作品の内容も一気に固まりました。パロディフライの看板女優・安井牧子さんとのW主演で、認知症の女性と精神を病む彼女の義妹が織り成すハートウオーミングな物語に仕上がりました。

それにしても、高宮さんって昔から全く変わっていないんです。現場へ行っても、役者や芝居の内容より、「どこそこの楽屋は良かった」といった類《たぐい》の話ばかり。僕のマネージャーだったころも、ドラマの撮影が始まると「あとは頼むで」と、さっさと帰っていました。

ですが、マネージャーとしての仕事ぶりはずば抜けていて、決してめげたりしない。身なりもさっぱりしていて、業界の関係者からは「彼女なら信用できる」と一目置かれています。

高宮さんのおかげで、華々しい船出になりそうです。そして、蜷川さんが「世界のNINAGAWA」へのターニングポイントとなった舞台の主演を務めた中野さんを、このタイミングで迎えたことも、偶然とは思えないものを感じております。

（'19・12・8）

わが愛しの「ナベちゃん」

鍋島浩

昨年の「せのシアター」第1回公演『お向かいは秘密基地』ですが、おかげさまで無事に終わりました。前回のエッセーでは、主演女優の中野良子さんについてお話ししましたが、今回は脇役として出演してくれた鍋島浩《なべしまひろし》さんを紹介します。

鍋島さんは、関西演劇界では屈指の名脇役。関西の舞台やテレビを中心に活躍しています。僕は「ナベちゃん」と呼んでおり、思えば長い付き合いになります。

初めて会ったのは25年くらい前、中村玉緒《なかむらたまお》さん主演の昼の連続ドラマ『いのちの現場から』シリーズ（ＭＢＳ制作、ＴＢＳ系）に、僕が準レギュラーの医師役、ナベちゃんは入院患者の役で出演していました。ナベちゃんが言うには、「僕は緊張していましたが、妹尾さんは堂々としていて、すごいなと思って見ていたんです」と。そう言われるのはうれしいことですが、実はあのとき、ナベちゃん以上に僕のほうがメッチャ緊張していたのです。

ナベちゃんの役者としての技量は確かで、何より人柄がいい。脇役としての心得も十分に備えていて、決して自分が前に出ようとせず、主役や格上の役者さんをきちんと立てます。もちろん、ほかの役者を妬《ねた》んだり恨《うら》んだりという、しょうもないこともしない。お酒が好きで、劇団パロディフライのころにゲストで出演してくれたときは、稽古《けいこ》が終わると劇団の若い子たちを飲みに連れていってくれたりしていました。面倒見がいいんです。

外部からゲスト出演者を呼ぶときは、僕は真っ先にナベちゃんに声をかけます。彼は快く引き受けてくれて、たとえ本番1週間前までほかの舞台に出演していても、それまでに台詞《せりふ》を入れ、与えられた役柄の肉づけをして稽古場に臨んでくれます。プロの役者として当たり前のことですが、ナベちゃんは劇場の大小や有名無名に関係なく、同じ姿勢で取り組んでくれるので全幅の信頼を置いています。

ところが、そんなナベちゃんの人柄の良さが、時には裏目に出てしまうこともあります。

ナベちゃんが出演している舞台を観《み》に行くと、ナベちゃんのキャラクターにそぐわなかったり、演技し過ぎていたりすることがあります。演出家が自分の演出プランに当てはめようとするあまり、ナベちゃんの個性を引き出せていないのです。ナベちゃんもまた、演出家に合わせて一生懸命にやるので、なんだかもったいないなと感じてしまいます。

僕の芝居に出演してくれるときは、ナベちゃんのええ部分が際立つように演出しようと心がけています。ナベちゃんの匂いがあるほうがホッとしますし、それは観ているお客さんにも伝わると思うのです。

時には損をすることもありますが、僕にとっては、ホンマに〝愛《いと》しのナベちゃん〟です。

（'20・2・9）

Ⅳ 心の故郷《ふるさと》

〝人生の師〟——林庄三先生

振り返ると、僕はいままで本当にいろんな人に支えてもらってきました。そのなかで〝人生の師〟と呼ばせてもらっている方が二人います。

一人は、天理中学校時代の恩師である林庄三《はやししょうぞう》先生。もう一人は舞台演出家の蜷川《にながわ》幸雄《ゆきお》さん。お二人とも、僕の人生に影響を与えてくださった、かけがえのない方です。

林先生のことは、これまでにもいろんなところでお話ししたり、エッセーに書かせてもらったりしています。僕が天理中学校に入ったときは、早稲田大学を出て国語教師になられたばかりでした。天理教の信者詰所で一緒に生活していましたので、随分と深く長い付き合いになります。

あのころは、ベトナム戦争の時代で、新聞には目を覆《おお》いたくなるような写真がよく載《の》っていました。それを目にして「なんで、こんなことになるんや」と子供なりに怒りが込み上げてくる。そこで、林先生の部屋へ行ってトントンと扉をたたく。

「失礼します」

「どうしたん?」

「先生、なんでこんなことが起こるんですか」

すると「和夫君なあ」と、朝5時くらいまで熱心に説明してくれる。そんな感じで、何かあると、しょっちゅう林先生の部屋へ行っていました。

あるときなんて、明け方まで話をして、目が覚めたら学校が始まる時間。先生に起こされ、慌《あわ》ててバイクに二人乗りをして学校へ向かったものの、二人して朝礼に遅刻したこともありました。

僕が教師になろうと思ったのも、林先生のひと言がきっかけでした。高校1年生のとき「先生、教師ってどういう仕事ですか?」と聞いたことがあったんです。そこで返ってきた言葉が良かった。

「たとえば、自転車で夜道を走るとするやろ。夜、自転車をこいだら、明かりがパーッとつくやろ。教師の仕事は、夜道を照らす自転車のライトみたいなもんや」

大学進学で東京へ行くことが決まって、林先生のもとへあいさつに行ったときのことです。「天理本通りを歩こう」と言われ、真夜中、誰もいないアーケードを二人で歩いていたとき、先生が「和夫君なあ、東京へ行くなら、大きな風呂敷、持っていけよ」と、おっしゃったんです。

「大きな風呂敷ですか?」

「そうや。大きな風呂敷持っていって、なんでもいいから、いっぱい詰め込んでこい。なかには消化不良を起こして、おなかを下すものもあるやろうけど、かまへん。大きい風呂敷にいっぱい詰め込んで、教師になって天理に帰ってこいよ」

……結局、教師にはならず、大阪に戻ってきました。ただね、うちの劇団の若い団員に役者としての心構えを諭したりするときに、「1メートルの川を渡れない者は、

10メートルの川を渡れない」というような、例え話をすることがあります。やっぱり、どこかで林先生の影響を大きく受けていると思いますね。

いまでも、何かで迷ったときには林先生に電話をして、泊まりに行きます。おぢば（親なる神様がお鎮まりくださる人類のふるさと）に帰って教会本部に参って、先生とお酒を酌《く》み交わしながら、話を聞いてもらっています。

ホンマに林先生は、いつまで経《た》ってもカッコええ先生です。


（'13・6・2）

あの夏休みの経験が…

昭和33年の夏、小学1年生だった僕は、近所の友達と家の前の路地で、三角ベースの野球をしていました。相手バッターが打ち上げたボールを追いかけていたら、通りかかった八百屋さんのオート三輪にぶつかりました。ところが、その八百屋さん、倒れている僕のことに気づかず、そのまま僕の上を走り抜けていったのです。

まあ、えらい騒ぎになって、救急車で病院へ運ばれました。左半身血だらけで、耳もちぎれかかっていたらしいです。

病院へ運ばれてから意識を失いました。再び目が覚めたのは、事故から3週間後のことでした。とはいえ、起きていたのは1分足らず。次に起きたのは3日後で、数分間だけ。それからは5分、10分、30分と、起きていられる時間が長くなり、ようやく意識が回復しました。

その後が大変でした。特に、左肘《ひじ》のけがが一番ひどく、「このままでは、腕が腐って、全身にまで及ぶ。左腕を切断しなければ命が危ない」と言うお医者さんに、母は「なんとか切らんといてください」と、必死にお願いしてくれました。おかげで左腕を切らずに済みましたが、その代わり、左肘の傷のひどい部分を毎日少しずつ切除していきました。麻酔をかけずに治療するので、痛くて周囲がビックリするくらい大声で泣きました。

事故から3カ月後に退院しましたが、その1年後、2年生の夏休みに、左肘の再手術で大阪市内の病院に入院しました。

小児病棟の大部屋で2カ月間過ごしました。僕のほかは、年上のお兄《にい》ちゃんばかり。お兄ちゃんたちは、当時で言う「小児まひ」を患っていて、自分一人では思うように体が動かせませんでした。

僕は、左肘以外は元気だったので、お兄ちゃんたちのお世話をしました。そんななか、僕は病室の外へ行って、お兄ちゃんたちに「今日、庭にこんな花が咲いてたで」と、見てきたことを面白おかしく伝えるようになりました。お兄ちゃんたちも、僕の話を喜んで聞いてくれるので、それからは毎日のように、ネタ探しに外へ出かけました。それが、いまの僕の仕事の原点になっているんです。

無い命をたすけてもらい、自分のいまの仕事につながった、かけがえのない夏休みの経験。事故で入院したとき、当時、教会長だった祖父が北海道から駆けつけ、毎日おさづけ（病む人の回復を祈念するもの）を取り次いでくれました。うちの両親には「親神様《おやがみさま》・教祖《おやさま》が、この子を必要と思われるなら命をつないでくださる」と諭したそうです。

だから「こうやって尊い命をつないでもらえたんだから、精いっぱい生きよう」と思い、当時のことを忘れずに日々を過ごしています。

（'13・8・11）

〝いい大人〟に出会いました？

若者たちによる悪質ないたずら行為が社会問題になっていますね。

遊園地やレストラン、バイト先での行為を写真に撮って、友達に自慢するつもりでブログやツイッターに流す。ええ年して物事の分別がついていないのかと思ってしまいます。

でも、その彼らにしても、これまで生きてきたなかで、自分のために本気で叱《しか》ってくれたり、「そうだね」と大きな心で受けとめてくれたりする〝いい大人〟と出会う機会に、あまり恵まれていなかったのかなとも思うんです。

実は僕も、天理高校にいたころは、いろいろヤンチャをしました。と言っても、時代は学生運動華やかなりしころ。大人社会への反発から「参拝も自由。髪形も靴も、かばんも自由であるべきだ」と主張していました。

こんなこともありました。

生徒会長のとき、朝の学校参拝の時間に〝参拝の自由〟を貫いて、おつとめをせず、あぐらをかいていました。教頭先生につまみ出され、生徒指導の先生には「生徒会長がそれでは示しがつかないんだよ！」と、ボロカスに叱られました。

そんなことから、校長室に呼び出されました。当時の校長は中山睦信《なかやまむつのぶ》先生で、それはそれは度量の大きい先生でした。

用務員さんの言づけで校長室へ行くと、中山先生が「おお、元気で頑張ってやってるなあ、クッキーでも食べ」ですわ。それで、ニコニコしながら「元気なのはええことや、ほどほどに頑張って」。そうやって、僕のことを気にかけてくださっていたんですね。

学校には怖い先生もいましたが、「イカンぞ！」と叱りながらも「元気なのは、ええことや」と励ましてくださる先生もいました。だから僕は、教師という職業に強い憧《あこが》れを持っていました。

まあともかく、そんなことばっかりやっていましたので、当然、うちの母も学校に呼び出されました。でも母は特別、僕に説教をするわけでもなく、「おまえがそう思うんやったら、納得できるまでやれ」とだけ言いました。そういう親なんです。

前回にも話しましたが、僕は小学1年生のときに交通事故で左肘《ひじ》に大けがを負いました。その後遺症を抱えたまま、中学校のときに剣道やラグビーをやっていたんですが、一度、左腕をけがして、医者からスポーツをやめるように言われたことがあったんです。そのときも、付き添いに来てくれた母は「やりたいんやったら、気をつけてやり」と背中を押してくれました。

それから、実家のパン屋を手伝いながら役者の仕事をしていたころ、母が脳梗塞《こうそく》で、父ががんの手術の後遺症で半身不随になるという大変な時期がありました。

ある日、親戚《しんせき》から「いつまでも、食えるかどうか分からん世界におって、どうするねん！　お父ちゃんとお母ちゃんの跡を継がんか！」と言われました。親戚が帰ってから、父と母に「おまえは、そっちの世界のほうが幸せか？」と尋ねられました。「うん」と返事をすると「それならいい、お父ちゃんとお母ちゃんのことは気にせんで。その代わり途中で音《ね》を上げなや。頑張り」と。

どんなときも「やりたいことはやれ」と応援してくれる親がいてくれたからこそ、僕はいまも〝全力投球〟で頑張ることができるんです。親であれ、学校の先生であれ、〝いい大人〟との出会いは大切ですよ、ホンマに。

（'13・9・15）

看板女優、天理合宿を提案

劇団の旗揚げから20年が経《た》ちました。大学の演劇仲間と「パロディフライ」という名前で活動してからだと30年になるかな。

実はこの前、天理で1泊2日の合宿をしたんですよ。いままで劇団で合宿したことがなかったので、今回やってみようという話になりましてね。主だったメンバーとの話し合いの場で、僕が「みんなでキャンプファイアーでもしよう」などと言っていると、うちの看板女優の安《やす》井《い》牧《まき》子《こ》さんが「座長が青春時代を過ごした場所を、みんなで見に行かない？」と、〝天理合宿〟を提案してくれたんです。

「天理のことやから」と、僕が段取りをつけました。宿泊場所は同級生に頼んで、西《にし》

安井牧子

陣《じん》大教会の詰所でお世話になりました。事前の下見では「まさか、ご本人が来られるとは……」と、詰所の人をビックリさせてしまいませんでした。ホンマ、すみませんでした。

初日は、天理本通りから教会本部、天理高校へのルートを歩いて、母校の天理中学校に行きました。その日、学校は休みでしたが、これまた元職員の同級生が手配してくれて、校内を見学できることになったんです。

講堂に入ったら、いきなり音楽がバーン！　なんと吹奏楽部の皆さんが、僕のラジオ番組のテーマ曲を演奏して歓迎してくれました。サプライズですわ。もう劇団員も僕も鳥肌が立ってね。ホンマ、ありがとう。

校舎は僕らのころとは違う場所にあるんですが、この講堂で15年前に、第8回本公演で上演した『花の咲く丘』を〝里帰り上演〟という形でやりました。当時、校長だった恩師の林庄三先生をモデルに脚本を書いたんですが、この作品から劇団に加わったのが、今回の合宿を提案した安井さんなんです。

彼女は、僕のラジオ番組でアシスタントを務めてくれていますが、劇団では役者兼演出補として欠かせない存在です。ＯＬ時代は大企業の社長秘書を務め、タレント転身後は、明石家《あかしや》さんまさんの番組アシスタントや、夕方のニュース番組のキャスターとして活躍していました。いわゆる〝一流〟の世界を見てきた人ですから、視野が広く、考え方もしっかりしているんですね。

それに、いざというときは〝勝負師〟になります。これまで上演していた劇場が閉鎖されたとき、彼女はワンランク上の劇場での公演を提案しました。「いましかチャンスはないですよ」と周囲の反対を押しきって、これが結果的に「吉」と出ました。相手が誰であろうとはっきり物を言いますし、妥協を許さない。彼女のおかげで、劇団は今日まで続けてこられたんです。

かなり前のことですけど、安井さんからこんなことを言われました。

「座長は、しゃべりの世界だったら絶対イチローになれますよ」

僕が「えっ、どういうこと？」と尋ねると、彼女は「座長は、芝居は二流かもしれませんが……」と茶々を入れつつ、こう続けました。

「生い立ちや経験はもちろんですが、芝居の世界で培ってきた〝財産〟があるじゃないですか。ほかの方にはないものが、そろっていますよ」

いまではいろんな方が、僕のラジオを聴いて「元気が出ました」と言ってくださいます。関西には大先輩の浜村淳さんがおられますが、〝しゃべり界のイチロー〟を目指して、まだまだ頑張ります。

（'13・10・20）

晴れ、ときどきビートルズ

イギリスのバンド「ザ・ビートルズ」の最新のベスト盤が世界同時発売されました。解散から半世紀近く経《た》ったいまも、世代を超えて根強い人気を誇るビートルズ。来年は、彼らが昭和41年に初来日して50年となる節目ですが、ちょうど同じころに僕はビートルズに憧《あこが》れてバンドを始めました。それは僕にビートルズを教えてくれた親友との出会いがきっかけでした。

天理中学校の同級生に、菅野《すがの》憲明《のりあき》という男がいました。体がデカくて、見た目もいかつい。「なんだか怖いヤツやなあ」と思っていたのですが、ひょんなことから大親友になったんです。

中学2年生の4月、僕は教室の窓辺で、当時ファンだったフランスの人気女優カトリーヌ・スパークの歌を口ずさんでいました。すると隣の窓から「おい、それ何や」と菅野が声をかけてきたんです。「うわ、どないしよう」と内心ビクビクしていましたが、菅野は「ウチに遊びに来い、洋楽のレコードを聞かせたるわ」と誘ってくれました。

僕は怖さ半分で、バスに乗って菅野の家へ行きました。部屋に入るとギターが置いてあり、立派なステレオがあり、レコードがたくさんありました。そこで目に入ったのがビートルズのレコードでした。

「妹尾、ビートルズって知ってるか?」と聞く菅野に「いいや、知らん」と僕。すると菅野は、レコード盤を取り出して、プレーヤーにセットしました。衝撃でした。スピーカーから流れるビートルズナンバーに、全身がシビレました。

レコードを聴き終えると、今度はギターを手にして、バタヤンこと田端義夫《たばたよしお》のヒット曲『かえり船』を演奏してくれました。歌はともかく、ギターはとてもうまかったんです。

その日を境に、僕は週末になると菅野の家へ遊びに行き、レコードを聴いて過ごすようになりました。菅野のおばちゃんも、僕のことを家族のように優しくしてくれました。

そのうち、今度は「バンドをやろう」という話になって、僕はベースを担当することになりました。母にねだって当時5万円もするエレキベースを買ってもらい、菅野に弾き方を教えてもらいました。

指の痛みに耐えながら、なんとか弾けるようになり、菅野をリーダーにバンドを結成しました。バンド名は「サムタイムズ」。ときどきやる、ということから菅野が命名したのです。

あのころ、バンドは不良がやるものと見られていた時代で、僕らは、おぢば帰りをした信者さんの前で演奏するということで活動していました。ビートルズはもちろん、ベンチャーズや日本のグループサウンズのヒット曲をレパートリーに、「こどもおぢばがえり」の詰所行事などで演奏を披露しました。天理高校へ進んでからも、「サムタイムズ」はときどき練習して、ときどき活動しました。まあ、僕はどちらかと言えば、演奏よりも合間の〝おしゃべり〟担当でしたけど。

菅野は2年前、この世を去りました。心優しいヤツで、僕がいまの仕事をするようになってからも、厳しいことを言ってくれる一番の理解者でした。ビートルズを教えてくれた彼との出会いもまた、いまの僕にとって大きな財産になっています。

（'15・11・22）

心はいつも〝映画少年〟

先日、僕のラジオの番組である『妹尾和夫のパラダイスKyoto』(KBS京都)に、映画監督の周防正行《すおまさゆき》さんがゲスト出演しました。周防監督といえば、『Shall we ダンス?』や『舞妓《まいこ》はレディ』などの話題作を手掛けた名匠。今回は最新作『カツベン!』の宣伝に来られ、撮影中の裏話や出演者のエピソードなどを聞かせてくれました。

それにしても、ラジオパーソナリティーの仕事を通じて、映画監督や主演俳優の方々とお話をする機会が増えました。子供のころから映画が好きで、「将来は淀川長治《よどがわながはる》のような映画解説者になりたい」と思っていた僕にとって、まさに夢が叶《かな》ったと言っていいでしょう。

僕が初めて観《み》た映画は、幼稚園か小学1年生のころに近所の小学校の野外上映会で観た、木下恵介《きのしたけいすけ》監督の名作『喜びも悲しみも幾歳月《いくとしつき》』でした。スクリーンに大きく映し出された佐田啓二《さだけいじ》さんや高峰秀子《たかみねひでこ》さんの姿が印象的でした。

また、おふくろに連れられて隣町の映画館へもよく行きました。働き者のおふくろにとって映画は唯一の娯楽。思えば、僕の映画好きは、おふくろの影響が大きいかもしれません。

そのうちに、一人で映画を観に行くようになりました。実家のパン屋の2軒隣に、新作映画を少し遅れて上映する二番館があり、土曜日になると、学校から帰ってきた僕に、おふくろが「観に行っといで」と、入場料の50円玉と店の売り物の塩せんべいを持たせてくれました。僕は、愛用の座布団を抱えて映画館へ向かいました。

上映は日本映画の3本立てでしたが、小学6年生のころから外国映画に切り替わりました。アメリカ映画はもちろん、フランスやイタリアの映画も上映されるようになりました。日本語の字幕なので、分からない漢字は読み飛ばしつつ、台詞《せりふ》を追っていました。

ウィリアム・ホールデン主演の『ライオン』というアメリカ映画を、大阪・千日前の封切館で観たときのこと。このときは親父《おやじ》に連れていってもらったのですが、映画が始まってすぐに、親父は隣の席で大いびきをかいて寝てしまいました。すごく恥ずかしくて「お父ちゃんとは二度と行かへん！」と怒りました。ほろ苦い思い出です。

天理中学校に入ると、天理市内にあった映画館へも通いました。特に、丹波市《たんばいち》劇場では2階の桟敷《さじき》席で寝転がって観ていました。このころ、『映画の友』や『スクリーン』などの映画雑誌を定期購読していて、男優・女優や監督の顔と名前を覚えました。

中学1年生の春休みに、フランス人女優のカトリーヌ・スパークが大阪・梅田の映画館へ舞台あいさつに来るのを雑誌で知りました。海外の映画スターをひと目見ようと、わざわざ観に行きました。

そのとき、彼女のヒット曲『若草の恋』のレコードを買って歌詞を覚えましたが、この歌を学校で口ずさんだことがきっかけで、同級生の亡き菅野憲明と出会い、彼を通して「ビートルズ」やエレキギターと出合いました。

——とまあ、子供のころの映画にまつわる思い出をとめどなくしゃべりましたが、あのころの経験や出会いが、いまの人生を豊かにしてくれています。

これからも、心はいつも〝映画少年〟でありたいと思っております。


（'19・9・1）

道半ばで逝った同級生《とも》

昨年暮れ、天理中学校、天理高校の同級生が、道半ばにして65年の生涯を終えました。

中西康祐《なかにしこうすけ》。彼は東京造形大学を卒業後、高校の美術教師をしながら、写実派の画家として活躍していました。彼の娘は、アテネと北京のパラリンピックに出場した車いすアーチェリー選手の中西彩《あや》さんで、僕のラジオ番組にゲスト出演してもらったこともあります。

昨年12月の劇団パロディフライの本公演が終わって数日後の夜、携帯電話が鳴りました。康祐の奥さんからで、「主人が亡くなりました」との知らせに、驚きを隠せませんでした。死因は心不全で、自宅の裏にあるアトリエで未明に亡くなったということでした。

スケジュールの関係で葬儀には参列できず、その週末に天理にある康祐の自宅へ弔問に伺いました。奥さん、息子さん、そして彩さんの３人が出迎えてくださって、いろいろと話を聞かせてもらいました。

奥さんの話によると、亡くなる日の前夜、夕食の後で口げんかになり、康祐はそのままアトリエへ画《え》を描きに行きました。普段からも、康祐は作品の制作に行き詰まると奥さんに当たったり、奥さんも康祐の体を気づかうあまりに口が過ぎてしまったりと、たびたび口げんかになっていたそうです。

奥さんが夜中にアトリエの様子を見に行くと、康祐はいすに座って作品に向かっていたそうです。奥さんは、画を描いているさなかの康祐によく怒られたこともあって、このときは声をかけず、そのまま戻りました。しかし翌朝、寝室に康祐の姿がなく、アトリエへ駆けつけると、その場で亡くなっていた、ということでした。

「あのとき、怒られてもいいから声をかけておけば……」と、奥さんは悔いていました。あまりに気落ちしているので、僕が中学時代の康祐のエピソードを話すと、奥さんの顔に笑みが戻りました。

アトリエを見せてもらいました。部屋に入ると絵筆が何百本とあり、作品も30点ほど飾ってありました。なかには、個展で見た作品とは異なる色合いのものや、作風が変わっているものもありました。

聞けば、彩さんの試合に同行して海外へ行った際に、そこで出合った風景や色彩に刺激を受け、作品に取り入れたということでした。

制作中の画がありました。山中湖畔《やまなかこ》から臨む富士山の画で、もし完成していたら傑作になっていたのではと思わせるほど、気迫に満ちていました。

僕は、ご家族の方々に「ごめんなさいね」と前もってお詫《わ》びして、こう話しました。

「役者の世界では、『役者は舞台《いた》の上で死んだら本望』という言葉がありますが、ここで最期を迎えた康祐も、それやと思います。ホンマに幸せなヤツですよ」

奥さんは、涙ながらに喜んでくださいました。僕は「康祐の分も長生きしてください」と言って、大阪へ帰りました。

娘の彩さんはいま、東京パラリンピックを目指して頑張っています。彩さんにアーチェリーを勧めたのは、父である康祐ですので、彩さんが大舞台で活躍することを祈りつつ、康祐の分も応援していきます。

（'17・2・26）

「ありがとう」をあの女《ひと》へ

人は生きていくなかで、自分の力ではどうすることもできない出来事に直面することがあります。どんなにつらいことでも、すべてを受け入れ乗りきることで、生きる力が備わっていくのではないかと思うのです。

僕自身も、そうしたことを実感した出来事がありました。

20代のころ、愛する人と結婚しましたが、わずか3年で終止符を打たざるを得ないことになりました。それは、夫婦仲の不和や僕のわがままなどではなく、妻の病が原因でした。

最近になって、皆さんにお話しできるようになりましたが、別れた妻は統合失調症だったのです。プロのダンサーとして活躍していた彼女は、交際中からその兆候が見られたのですが、そのときは「仕事のストレスかな」としか受けとめていませんでした。

しかし結婚後、症状はさらに重くなり、幻聴・幻覚から僕に暴力を振るうようになりました。僕は眠れず、一時期は体重が13キロ落ちたこともありました。それでも「僕の愛で治してみせる」と彼女に寄り添っていました。

そのうちに、彼女の病変を見かねたお義母《かあ》さんが一緒に付き添ってくださるようになりました。妻もまた入退院を繰り返すなど、一進一退の状態が続きました。

「自分の力ではどうしようもない」と悟った僕は、修養科《しゅうようか》（天理で3カ月間、教えを学び、実践しながら、人間の本当の生き方を学ぶところ）を志願しました。不思議なもので、僕と同じ大教会の同期に、妻と同じ病の方が4人もいました。このときは、さすがに「神様に見せられたなあ」と思いました。そこで、彼女のたすかりを願って、修養科中は起床の1時間前に起きて、天理駅前の公衆トイレを掃除しました。

修養科3カ月目のときに、彼女の両親から離婚届が差し出されました。それは、僕の将来を案じての苦渋の決断でもありました。僕の両親も「そうしよう」と言ってくれて、腹を決めました。

それから、北海道にある所属教会で9カ月間、教会青年として勤めました。そして、大阪へ戻り、実家のパン屋を手伝いながら役者の仕事を始めました。けれども、彼女のことがどうしても気になって、年1回は彼女の住む神奈川へ車を走らせ、様子をうかがっていました。4年ほど経《た》ち、おふくろから「和夫、そろそろやめたらどうや」と言われて、ようやく区切りがつきました。

愛する人との離別は、ホンマにつらく悲しい出来事でした。しかし、現在の僕につながる人生の分岐点であり、お道の信仰にあらためて向き合うきっかけにもなったのだと、振り返ってそう思います。

彼女はいま、どこでどうしているのか知る由《よし》もありません。ただひと言、「ありがとう」とだけ伝えておきたいです。

（'16・5・15）

親の年より長生きすること

今年の劇団パロディフライの本公演『「いっぺん整理しましょう」と言った父』も、本番に向けて稽古《けいこ》が佳境に入ってきました。今回も、3時間近くある芝居を2日間で3回上演します。

……えっ？「妹尾さん、もうええ年でしょ、そんな体力がどこにあるんですか？」って？ ご心配には及びません。普段から運動したり、食べ物にも気をつかったりしています。不思議なもので、年を重ねるたびに、だんだん健康になっているんです。

ホンマに20年ほど前は、胆石で苦しんでいました。あのころは激しい痛みを抱えながら、阪神・淡路大震災やオウム真理教事件の取材に飛び回っていました。ひどいときには、ロケバスで座ることもできず、横になった状態で取材先まで移動したこともありました。その後、大きな病気やけがもなく元気に過ごしております。

先月、65歳の誕生日を迎えました。また一つ年を取ったわけですが、そのときふと、おふくろのことが心に浮かびました。

おふくろは63歳で出直しました（天理教では人の死を「出直し」と言います）。58歳のとき脳梗塞《こうそく》で倒れて半身不随になりましたが、家からリハビリ専門の病院までの片道2キロを、杖《つえ》をついて毎日歩いて通っていました。体が不自由になっても、気持ちは常に前向きでした。

また、もし自分がいなくなっても困らないようにと、ここに何が入っているとか、僕に口立てで教えてくれました。なかには、「次の嫁さんにあげて」と、着物とかも用意してくれていましたが、次の嫁の来手《きて》がなかったので親戚《しんせき》にあげました。

あるとき、おふくろに「何か食べたいものとかある？」と尋ねると、「アイチュ（アイス）コーヒーが飲みたい」と言うので、大阪・中之島のホテルの喫茶店へ連れていきました。アイスコーヒーが出てくると、おふくろはストローに口をつけ、ものの10秒で飲み干しました。で、「和夫、落ち着かへん。行こ」って。教会の長女として生まれ育った人でしたから、贅沢《ぜいたく》することができなかったのでしょう。母親ながら、その姿がなんとも可愛《かわい》らしかったんです。

自分の親が出直した年齢というのは意識するもので、昨年、64歳の誕生日を迎えたときは「おふくろより一つ長生きしたなあ」とつくづく感じました。二つ年を取ったいま、親の年齢より長生きすることも親孝行につながるのかなと思っています。

（'16・12・4）

忘れ得ぬ親父のあんパンの味

まずは、「平成30年北海道胆振《いぶり》東部地震」により被災された皆さまへのお見舞いとともに、お亡くなりになった方々ならびにご家族の皆さまへ、心よりお悔やみを申し上げます。僕にとって北海道は、母方の親戚《しんせき》やいとこが住んでおり、所属教会もあり、何かと縁の深い場所であります。一日も早い復興をお祈りいたします。

それにしても、この3カ月間に地震や豪雨、猛暑、大型台風の直撃と、自然災害が相次ぎました。こんなに続くと「次はどうなるんやろう」と不安になりますが、備えを万全にして穏やかに日々を過ごしたいものです。

ところで、先日の台風で思い出したのが昭和36年の「第2室戸《むろと》台風」。子供のころ、大阪市大正区鶴町《つるまち》にあった実家の店で被災しました。高潮による浸水で1階が水没しました。迫りくる水の怖さは、半世紀以上経《た》ったいまも鮮明に覚えています。

うちの両親は、町内で営んでいたお好み焼き屋を畳んで、繁華街の一等地にパンやお菓子、進物を扱う店を構えました。その直後の台風で、店には相当の被害が出たものの、蓄えを切り崩したのか、どうにか立て直しました。

店はおふくろが切り盛りし、親父《おやじ》は近くの金属工場で働いていましたが、僕が大学生のころ、親父は結核で1年間入院しました。退院後、親父は工場勤めを辞めて、店で手作りのパンを販売することにしました。手先が器用な親父は、1カ月ほど修業してパン作りをマスターしました。

25歳のとき、結婚生活に終止符を打って大阪へ戻ってきた僕は、実家のパン屋を手伝いました。やがて役者の仕事をするようになってからは、仕事がないときは店番や配達に回り、週末にはクイズ大会やじゃんけん大会を企画して近所の子供たちを楽しませたりしていました。

ある日、おふくろが脳梗塞《こうそく》で倒れました。僕はドラマの撮影で休めず、親戚にかなり怒られました。そんなとき親父は、「和夫、気にせんでええ」と。親父とは仲良くなかったのですが、そのひと言で親父との距離が少し縮まりました。

その後、今度は親父が直腸がんの手術の後遺症で半身不随になり、このままでは商売を続けることはできないと、店を畳むことにしました。役者を辞めて跡を継ぐという道もあったのですが、「おまえが幸せやったらそれでええ、自分の行きたい道を行きなさい」と背中を押してくれました。

店を閉めるとき、パン屋としてそのまま引き継いでくれる人はいないか探していたら、店の斜め前にある電器屋の娘婿《むこ》がパン職人で、ちょうど店を探していたということで話が決まりました。「パムパムベーカリー」というお店で、いまも繁盛しています。

数年前、僕のラジオ番組で、親父が当時作っていたあんパンを再現するという企画がありました。

親父の作るパンって、そない美味《おい》しくなかったので、僕は乗り気じゃなかったのですが、番組プロデューサーに押しきられて、「パムパムベーカリー」のご主人の協力のもと、当時のレシピで再現してもらいました。

食べると、親父が作っていたのよりも、めちゃくちゃ美味しかったんです。思わず、「もうちょっと、まずく作ってくれへん?」と言ってしまいました。美味しいとは思わなかった親父のあんパンなのに、案外、味は覚えているものですね。

('18・9・16)

誰のおかげがあっての今

間もなく「平成」が終わり、新しい元号の「令和」となります。

僕は、どちらかと言うと「昭和」のほうが馴染《なじ》み深いのですが、平成という時代は、僕にとって人生の転機となる出来事がたくさんありました。

振り返ってみますと、悪役専門の役者だった僕が、テレビの情報ワイド番組のメーン司会者に抜擢《ばってき》されたのが平成元年の秋でした。その後、阪神・淡路大震災とオウム真理教事件では、リポーターとして報道の世界を経験し、ラジオパーソナリティーとして冠《かんむり》番組を持たせてもらうまでになりました。片や、劇団パロディフライを立ち上げ、座長として年1回、舞台に立たせてもらっています。

昭和で培ってきたことが、平成になってようやく花開いた――。プロ野球の松坂大《まつざかだい》輔《すけ》投手じゃないですけど、僕もある意味〝平成の怪物〟なのかもしれません。まあ、怪物は怪物でも、僕の場合は面構えのほうの……とまあ、こんなアホなことを皆さんにお話しできるのも、これまで陰日向《ひなた》なく支えてくださった方々のおかげだと感謝しております。

そんな一人としてお話ししたいのが、いとこの「のぼる」のことです。実家の離れに家族で住んでいました。のぼるの両親には本当によくしてもらいましたし、一人っ子の僕にとって、のぼると、のぼるの姉の「まさこ」とは、いまも弟や妹同様の間柄なんです。

のぼるは小学校のころから勉強嫌いで、のぼるのお母さんに頼まれて、勉強を見ることがよくありました。

あれは、僕が大学生のころです。当時、中学3年生だったのぼるが「高校に行きたくない」と言い張ってきかないと、のぼるのお母さんから相談を受けました。そこで、のぼるを旅行に連れていくことにしました。飛行機に乗って宮崎県の日南《にちなん》海岸へ行き、昼間は海で遊び、夜には僕の天理中学時代の恩師である林庄三先生に教えてもらった「何のために学校へ行くのか」という話をしました。僕の話を素直に受けとめてくれたのか、のぼるは高校へ進み、卒業後は大阪市役所に就職。結婚し、子供も授かりました。

その後、真面目で優しい性格ののぼるに、僕は何度もたすけられました。

あるとき、劇団の活動資金が必要になり、当時の国民金融公庫から融資を受けることになりました。僕ら業界の人間は保証人になることができなかったので、公務員であるのぼるにお願いしました。すると、のぼるは余計なことを一切聞かず、印鑑を押してくれました。のぼるのおかげで劇団活動が続けられましたし、僕も「のぼるに迷惑を掛けたら絶対にアカン」と必死になって、どうにか完済することができました。

それに、お道のことも懸命につとめてくれて、実家の布教所の後をお願いしたときには、二つ返事で引き受けてくれました。心根が真っすぐで、人のために尽くすところは、うちのおふくろとよく似ているんです。
誰かのおかげがあって今の僕があるということを、新しい時代を迎えても、終生変わらず心に留《とど》めておきたいと思っています。

（'19・4・28）

北の夜空の満天の星を仰ぐ

今回の新型コロナウイルスによる自粛期間中は、僕にとって自分自身を見つめ直す機会にもなりました。毎年この時期は、年末の演劇公演に向けて準備を進めているのですが、今年はそうしたことから離れざるを得ない状況になったので、これまでの歩みや、これからのことを考える余裕ができました。

自分自身を見つめ直す機会といえば、以前は、夏休みとして1週間ほど北海道で過ごしました。両親の故郷なので里帰りなのですが、行くたびに心も体も癒《い》やされていました。

滞在中は、祖父が初代会長を務めた所属教会に参拝し、音更町《おとふけ》や池田町《いけだ》の親戚《しんせき》の家へお土産《みやげ》を持って回りました。親戚も、僕が来るとすごく喜んでくれますが、どこかの家に泊まろうものなら、ほかの親戚から「なんで、うちに来ないの？」ということになってしまうので、いつも帯広《おびひろ》市内のホテルに宿を取りました。

帯広を拠点に、レンタカーを走らせて美瑛《びえい》や富良野《ふらの》の観光地を巡ったり、大学の先輩が住んでいる釧路《くしろ》まで遊びに行ったりしました。

富良野では、脚本家の倉本聰《くらもとそう》さん主宰の「富良野塾」を見学し、倉本さんゆかりの喫茶店「北時計」に立ち寄りました。

この店には、倉本さんの代表作『北の国から』の脚本が置かれていて、自由に読むことができます。毎年のように「北時計」へ通っていたら、男性店員さんに「妹尾さんですか？」と声をかけられ、ドキッとしました。聞けば大阪出身で、役者を目指して「富良野塾」に入って頑張っているということで、思いがけない出会いもありました。

あと、北海道の楽しみといえば、十勝《とかち》平野の広い大地から眺める満天の星空。草むらに横たわって見上げると、空気が澄んでいることもあって、ひときわ星が輝いていて、しかも流れ星が次々と見えるんです。

子供のころからこれが好きで、以前、家族で北海道へ帰ったときも、親戚の牧場で大人たちが宴会をしている間に、一人、外に出て星を眺めていました。また25歳で妻と別れ、所属教会の青年として9カ月間過ごしたときも、「ちょっと行ってきます」と夜空を見に行ったものです。

煌々《こうこう》と光り輝く星、かすかに輝きながらもそこにある星、そして、流れては消える星……。夜空を彩る星たちのドラマを目にしながら、いまの自分を見つめ、気持ちをリセットしてきました。

ここ数年は行けていませんが、新型コロナの感染拡大が落ち着いて、僕のフトコロに多少の余裕が出てきたら、また北の夜空の満天の星を仰ぎ見たいものです。

（'20・7・26）

しゃべくり千秋楽

僕の「しゃべくりエッセー」も、今回をもちまして〝千秋楽〟を迎えることになりました。

第1回の「生放送〝校歌〟熱唱事件?」から、はや8年。幼き日の懐かしい思い出や、天理で過ごした青春時代の記憶、仕事や普段の生活、僕を支えてくれた人たちとの素敵《すてき》なエピソードなど、あれやこれやと好き勝手にしゃべらせてもらいました。ホンマに、ようここまで、しゃべりが続いたなあと、自分でも感心しております。

以前、ラジオのリスナーの方が「いつも読ませていただいています」と言ってくださったことがありました。「え? 何のことかな?」と思ったのですが、このエッセーのことだと、あとになって気がつきました。

また、天理時代の同級生が「楽しみにしてるよ」とメッセージを寄せてくれたり、ここでも紹介した、いとこの「のぼる」も「こないだ、『天理時報』に○○さんのこと書いてたなあ」と言ってくれたり、あらゆる方面から声をかけてもらいました。

このエッセーはラジオの感覚で、しゃべり手である僕と読み手である読者の皆さんとで共につくり上げてきたと考えています。毎回楽しみにして読んでいただいた方と、いずれ何かのかたちで接点を持てる機会があればいいなと思っています。

僕の身辺でも、この8年の間にいろいろなことがありました。ラジオのレギュラー番組の改編があったり、テレビの仕事が新たに始まったり、劇団を解散して新たなプロジェクトを立ち上げたりしました。一方で、僕の〝演劇の師匠〟である舞台演出家の蜷川幸雄さん、天理時代に共に過ごした同級生との今生の別れもありました。

そして、いまは新型コロナウイルスが世界中で猛威を振るっております。僕の住む大阪も、先ごろ「緊急事態宣言」が解除されましたが、まさか生きている間に、こうした出来事に遭遇するとは夢にも思いませんでした。

布教所の一人息子として生まれ育った僕が、寄り道や回り道をしながらも、今日の日まで無事に来られたのは、ひとえに亡き両親のおかげです。特に、おふくろのものの見方・考え方を通して、おやさま（天理教教祖・中山《なかやま》みき様）の教えがおのずと身につき、それがいまの自分をつくってくれているのだと言えます。人生の岐路に立ったとき、僕一人の力ではどうにもならなかった場面でも、おやさまがそっと僕の手を引いてくださっていたのかなと、いまさらながら感謝しています。

8年もの長きにわたって僕のしゃべりにお付き合いいただき、ありがとうございました。エッセーはこれで終幕ですが、しゃべりはまだまだ止まりません。ラジオのマイクの前で相も変わらず、しゃべり倒していますので、引き続きお付き合いのほど、よろしくお願いいたします。

いつでもどこでも、全力投球で頑張りまっせ！

（’21・3・7）

あとがき

気がつけば8年という歳月が、あっという間に経《た》っていました。

「3年くらいやれたらいいなあ〜」という気持ちでスタートしたのを思い出します。

この「しゃべくりエッセー」で紹介してきた人は、思い返せば直接お会いした方たちばかりです。共に仕事をし、語り、時には杯を交わすなかで、その人の仕事に取り組む姿勢、何げない動作、モノの見方・考え方、想《おも》いなど、五感で感じたコトを中心に、おしゃべりしてきました。

この連載を通じて、僕という人間が、子供のころから人と関わるのが大好きだったことを、あらためて自覚することができました。そして、おせっかいな性格を再確認することにも……。

人と出会い、打ち解け、仲良くなり、時に意見を戦わせ、嫉妬《しっと》し、対立し、憎悪し、あるいは裏切り裏切られ、あるいは和解し、やがて別れが訪れる。でも、やっぱり人が好きで、また人と出会い、打ち解け、仲良くなり……の繰り返しの70年だった気がしてなりません。

文明は進歩しました。いまはデジタルの時代。国語辞典によれば、デジタルとは情報を、数字を用いた信号として表すこと。デジタル時計とは、時刻を針でなく数字で示す時計。そう載《の》っています。

以前、デジタルを駆使する人から、デジタル化社会の仕組みについて説明を受けましたが、まるで外国語を聞いているようで、ちゃんと理解するまでに何日か要したものです。

そんな僕も、得意・苦手にかかわらず、デジタルの恩恵をたくさん受けています。特にコロナ下においては、リモート放送というシステムがなければできない仕事も、たくさんありました。文明の進歩に感謝です。

つい15年くらい前まで、「ファックスはどうやって届くの〜。どこ通って来るの〜。ファックスはまだ信じられないよ〜」とラジオで言い放っていた僕ですが、気がつけば、周囲はメールやラインで格好よく仕事をしている人ばかりです。僕はというと、仕事で最もよく使う通信手段はファックスです。ファックスがなければ仕事になりません。いまごろようやくファックスが使えるようになった僕は、根っからのアナログ人間なのです。

価値観は人それぞれですが、僕は人が好きです。どんなに高性能なロボットも、決して100パーセント真似《まね》することのできないのが、人間の五感による感覚ではないかと思っています。

文明の波に乗りきれないまま、僕の悪戦苦闘の日々は続くことでしょう。これからもまだまだ、たくさんの人と出会っていきたいと思っています。

最後に、僕の長話を8年間も根気よく聞き続けてくれた、道友社の齋藤大伸《さいとうひろのぶ》さんには感謝の思いでいっぱいです。齋藤さんがいなければ「しゃべくりエッセー」は間違いなく3年で終わっていたでしょう。どうもありがとうございました。

みなさん、またどこかでお会いしましょう。

全力投球‼

2021年8月

妹尾和夫

妹尾和夫（せのお・かずお）

昭和26年（1951年）、大阪市生まれ。天理中学・天理高校を卒業後、日本大学文理学部哲学科入学。在学中から役者を志し、同55年、NHK銀河テレビ小説『御堂筋の春』でデビュー。平成４年（1992年）に演劇集団「パロディフライ」を旗揚げし、座長として演出を担当しながら舞台に立つ。また、関西を中心にラジオパーソナリティーとして活躍、『全力投球‼妹尾和夫です』（ABCラジオ）で人気を博した。現在、『妹尾和夫のパラダイス Kyoto』（KBS京都ラジオ）、『せのぶら本舗』（ABCテレビ）に出演中。

笑《わろ》うて泣《な》いて また笑《わろ》て　妹尾和夫《せのおかずお》のしゃべくりエッセー

2021年９月１日　初版第１刷発行
2021年10月１日　初版第２刷発行

著　者　妹　尾　和　夫

発行所　天理教道友社
〒632-8686　奈良県天理市三島町１番地１
電話　0743（62）5388
振替　00900-7-10367

印刷所　大日本印刷㈱

ISBN978-4-8073-0644-2
定価はカバーに表示